齋藤一人

＼掌握波動，掌握人生／

波動的力量

掌握幸福與成功的祕訣

前言

當我們將世上的一切現象分解到微觀層次時，據說其起源都是肉眼看不見的小小粒子的震動。

我們人類也是依賴粒子的振動而生存的，昨天不愉快的經歷、今天的天氣，甚至是明天即將發生的開心的事，追根究底，都是始於這些微小粒子的震動。

這樣的說法，已經在科學上得到了證明。

一人哥不是學者，無法進行更專業的探討，何況一人哥天生不喜歡學習，對複雜的事情也沒興趣。

可是，

「粒子的震動創造一切」。

對於這個現象，一人哥倒是有著極大的興趣。

為什麼呢？

因為這與一人哥從小堅信不移的理念完全一致。

一人哥相信，這個世界是由「波動」構成的。

擁有微弱能量的粒子聚在一起，成為能量強大的光或電磁波。簡單來說，這就是波動。

波動具有各種不同的頻率，根據波動頻率的不同，形態也會發生變化。

動物有屬於動物的波動，自然現象也會隨著時間的不同而展現出不同的波動，正因為如此，每一天都會發生各式各樣的事情。

當然，人類也有屬於自己的波動。

每個人都經歷過不同的人生體驗，這是因為每個人的波動都不一樣。

一人哥認為，

「幸福的人會發出幸福的波動。」

「辛苦的人會發出辛苦的波動。」

一人哥想要傳達的理念是，這個世界的運行，全都依賴波動。

而一人哥所遇見的人、所目睹的一切，全都印證了這一點。一人哥深信，人生完全取決於自己發出什麼樣的波動。

或許有人會擔心：「如果我的波動不好，是不是這輩子就沒指望了？」

請放心，並非如此。

因為，你可以靠你自己的意志來改變波動！

無論是幸福的人生，或是不幸的人生，一切都掌握在自己手中。

無論你現在發出什麼樣的波動，只要你願意，你完全可以逆轉它。

而且，這件事比你想像的要簡單多了。

在本書中，一人哥將從基礎開始，詳細說明波動的原理，介紹調整波動的方法，以及在這個過程中應該採取的心態等。

這本書適合那些對人生感到不滿足的人，當然，也適合渴望擁有更美好未來的人。

希望你能從你能力所及的事情開始，沒有壓力地輕鬆實踐，開創屬於你的美好人生。

【一人哥的請求與告知】

我非常重視我自己，因此總是以「一人哥」稱呼自己。

這樣的稱呼讓我深刻感受到「我最好的朋友就是我自己」以及「我是我自己最大的支持者」，從而安心與勇氣倍增。

我的摯友——另一自己——就在我的內心陪伴著我。當我這麼想時，便會湧上無限的勇氣，面對生活和挑戰時也會變得格外輕鬆。

因此，如果你對我的這種感覺感興趣，不妨也以「～哥／～姐」來稱呼你自己（當然，沒興趣就不必了）。

另外，有必要先說明的是，本書多次提及「神」，但這與宗教無關。

一人哥所說的神，指的是創造生命、宇宙等世上萬事萬物的能量，請你在閱讀本書前先理解這一點。

齋藤一人 波動的力量：掌握幸福與成功的祕訣

目錄

第1章 了解波動原理，人生輕鬆無比！

第2章

幸福大富豪傳授的歡喜心之道

第3章 運勢由無形的存在所掌控

第4章

「神的波動」化不可能為可能

第5章

不斷累積經驗，熟能生巧會帶來成功

第6章

世界正在一天天變好

編輯協力　古田尚子

第 1 章

了解波動原理，人生輕鬆無比！

隱藏在焦慮和空虛感背後的真相

不努力，人生是黑白的。
不付出就不會有收穫。
看輕人生必遭挫折。

你是否抱持這樣的想法在生活呢？
你認為這就是世界的真相嗎？

如果你是這樣想的，那麼讀完本書，你的觀念可能會完全翻轉。
因為，努力和辛苦不僅無法為你的人生帶來任何好處，反而讓你損失更多。

證據就是，世界上有不少這樣的人。

「那個人為什麼總是順風順水？」

「明明我付出的努力更多，為什麼是那個人變得更富有？」

相信你一定看過這樣子的人吧。

老是慨嘆人生的不公平，為此陷入低潮，甚至對無法成功的自己感到惱怒。

於是，逼迫自己更加努力，最終身心俱疲，變得再也無所謂了……

這也難怪。當拚盡全力的自己得不到回報，反而是那些看似輕鬆的人收穫豐厚時，誰不會氣餒呢？

但是，這裡隱藏著一個驚人的「真相」。

你的煩躁與空虛感，其實是為了提醒你注意的一個重要訊息。

如果你不用這種角度去看待，你就會不斷抱怨：「這個世界糟糕透頂！」、「都是我太廢了！」、「我就是投錯胎才翻不了身！」於是，同樣狀況一再輪迴。

那麼，這個隱藏的真相究竟是什麼呢？

前面提過：「努力和辛苦可能讓你損失更多。」這就是答案。

換句話說，這個世界的真相是：

你不需要拚命努力也能過上富足的生活。

不努力也能成功。

認為人生美好的人才能獲得幸福。

剛知道這個真相的人，通常都不相信，因為這與你在學校或社會中被教導的

「正確觀念」完全背道而馳。

經過長期的灌輸，這些觀念早已深植骨髓，要打破它們並不容易。所以，你大可抱著懷疑的心態繼續看下去。

只要你能輕鬆地接受：「原來還有這種想法啊！」這就夠了。

擁有世上最強大力量的東西

在古代偉人傳記中，我們常會看到這樣的故事：有人出身極度貧窮，最終卻飛黃騰達，成為掌管龐大企業集團的成功人士，甚至躍升為一國的領袖。

即使沒那麼戲劇性，單單是「貧窮卻成功」的故事，放眼全世界，數量可能多到讓人驚訝。

我們看日本電視節目或雜誌的採訪，也能看到不少這樣的例子。

如果說一個人的幸福或成功完全取決於他們的出生環境，那麼就不會出現這些從貧困中脫穎而出的人了。

再說，也有一些人原本是家大業大的資產家，最終卻沒落，敗光父母留下的巨額遺產。

這些人明明含著金湯匙出生，為什麼走向了落魄？

其實，這背後有個非常明確的原因。

成功與否，取決於一種力量——

「波動」。

正如本書「前言」中提到的，波動是由無形的微小粒子聚集而成的能量。

這些粒子的組合狀況會改變波動的頻率。但不變的事實是：

「波動對一切事物都具有無法估量的影響力。」

我們的身體本質上是由波動組成的，我們過去的生活以及未來的一切，也全都受到波動的影響。

你所擁有的波動類型，決定你是否能得到你想要的東西。

幸福或不幸的未來，全由波動掌控。

至少，就一人哥所見，沒有任何事物能夠逃脫波動的影響力。

無論人類如何努力，都無法與這個世界上最強大的力量「波動」相抗衡。

「幸福波動」或「貧窮波動」，你會選擇哪一個？

即使起點相似，隨著時間的推移，每個人的人生卻可能大不相同，這是因為各自的波動不同。

那些雖然貧困卻依然獲得豐足與幸福的人，擁有的是「幸福波動」。

而那些無法擺脫困境、或是曾經擁有過豐足卻失去一切的人，則是處於「貧窮波動」之中。

「貧窮波動」這四個字或許讓人不舒服，但一人哥想表達的是，最大的原因其實在於你自己降低了自己的波動，從而無法獲得幸福。

當我們聽到貧困卻贏得成功的故事，很多人會說：「那個人肯定很有才！」或者是「他擁有克服困難的毅力！」但事實上，成功的關鍵並不是這些。

即使擁有天賦和毅力，如果波動不好，也無法取得成功。

如果成功取決於才能和努力，那麼具備這些條件卻無法成功的人，又該怎麼解釋呢？

當然，努力確實可以帶來成功。

但如果沒有波動的支持，要持續成功是不可能的。

因為人無法永遠不休息地奔跑。

想靠努力來維持成功，就必須數十年如一日地奮鬥不懈。

但這樣最終會壓垮身心。

另一方面，**有些人能力平平，卻毫不費力地取得驚人的成就。**

這是因為他們的波動極好。

一切現象的背後，總是有波動的存在。

比如，有些人外表極為出眾，卻不討人喜歡。

反之，有些人外貌普通，說的不好聽是醜八怪，卻受眾人青睞。

這些現象，也都是出於他們各自的波動。

波動對一切事物都有著深遠的影響，擁有好波動的人自然能提升魅力。

選擇「幸福波動」還是「貧窮波動」，完全取決於你自己。

任何人都能像豐臣秀吉那樣創造奇蹟

當你覺得人生怎麼樣也順利不起來時，請試著想想過去那些在貧困中仍能取得成功的人。

將他們的背景，與你自己的人生做個簡單的比較吧。

古時候的貧困程度非今日所能比擬，就所處環境而言，你應該遠遠比他們優越多了。

在現今這個時代，即便有人自認貧窮，也不至於像過去那樣住在家徒四壁、漏風漏雨的破屋裡。那時候的人，冬天會在能凍死人的嚴寒中餓著肚子瑟瑟發抖，夏天也沒有冷氣吹。

相對地，在如今的日本，有相當完善的全民健康保險制度。

生了病可以隨時去醫院就醫，即便醫療費用昂貴，也無需自己全額負擔。換句話說，任何人都能以便宜的費用享受高水準的醫療服務。

如果真的拿不出醫療費用，也可以申請只負擔極少的錢，甚至完全免費來度過難關。

但過去根本沒有這種制度。生病荷包失血再多，都只能自己想辦法籌錢。

籌不到錢的人，甚至因此一命嗚呼。

對於生活在現代的我們來說，這是無法想像的事。

然而，即便是這樣的逆境仍有人獲得光明的未來，而且這樣的人不在少數。

戰國武將豐臣秀吉原本是個半農的下級武士，身分相當卑微。

這樣說或許不恰當，他當時的貧窮程度幾乎算是「社會最底層」。

那個時代階級歧視嚴重，無論你有多大的才能，只要身分卑微，幾乎不會有出人頭地的機會。

佃農一輩子都是佃農，在那個時代，地位卑賤的下級武士，可以說連做夢夢到成為大名的權利都沒有。

然而，豐臣秀吉卻打破限制，化不可能為可能，取得天下。

看似奇蹟，但事實並非如此。

不，也可以說是奇蹟，那麼，是什麼創造出這個奇蹟呢？就是波動。

只要能夠掌握波動的力量，任何人都能像豐臣秀吉一樣創造奇蹟。

波動擁有創造一切的力量，而且我們每一個人都有自己的波動。

接下來的問題是，你該如何掌控自己的波動。

輕鬆創造完美人生

就一人哥本身的狀況而言，我擁有很多財富，納稅金額甚至是全日本第一。

但是呢，我的人生中，從來沒有所謂的努力或辛苦。

我們公司銷售的產品，並沒有關在研究室裡絞盡腦汁開發，或是耗費多年心血才完成商品化，完全沒有這回事。

一般人想像中的「一人哥拚命工作的模樣」，我想我週遭的親朋好友應該沒人看見過吧。

我做的事情是享受自己的興趣，比如自駕旅行或參拜觀音，就這樣而已。不開玩笑，我認真是邊玩邊成功的。

那麼大家可能會問，那你是在何時、哪裡、如何想到這些新產品的點子？

答案是，這些靈感總是在我旅行的途中靈光乍現。

每一次的狀況都不太一樣，基本上就是某個時刻，腦海中忽然閃過「可以將○○成分和△△成分這樣子合起來」的念頭。

我會把這些靈感記下來，然後交給合作的工廠。工廠的人有時會覺得這些想法太天方夜譚，不解地問我：「這樣的配方到底能做出什麼啊!?」

當然，我不可能回答說我也不知道，但成果揭曉，總是能做出我心目中的完美商品。很多人看到商品後大喊：「我也要！我也要！」就這樣賣到翻了。

我們從沒做過「這樣的東西會失敗吧……」的產品，我們的每一種產品不是大賣就是超級大賣！

不只在商場上如此。

一人哥還結交了一群最棒的夥伴，甚至還有很多女朋友。無論走到哪裡我都吃得開，生活中充滿了歡樂與愛。

我沒有刻意去追求什麼，只是隨著命運流轉自在地過生活。

自在地過生活，幸福便會自然地積累起來。

我從未立志成為日本納稅最多的人，也從未夢想成為大富豪而拚命工作。

我一點也不特別，真的就只是輕鬆自在過生活而已。

然而，奇蹟卻主動送上門。這絕不是我自己去追逐成功來的。

只能說，這是天賜的靈感，是上天的禮物。

當我思考，這樣的一人哥與其他人有什麼不同時，我認為關鍵在於我很重視自己的波動。

要隨時保持笑容喔！

要不斷更新自己的最佳波動喔！

哪怕只是一秒鐘，都不要受到壞波動的影響喔！

就這樣，我比任何人都更在意波動。

因為我深知，這個世界上沒有何任一件事不受到波動的影響。因為我深知，只要掌握波動，人生就能輕鬆無往不利。

而我確實做到了，輕鬆創造出我的完美的人生。

目標是追求創造者「神」的波動

一人哥心目中最棒的波動是什麼呢？是「幸福波動」。

豐富的波動、明亮的波動、愉悅的波動……這些都可以統稱為「幸福波動」。更進一步說，幸福波動就是「神的波動」。

地球能夠受到光明的照耀，是因為太陽的存在。

那麼，是誰創造出這些光明呢？答案是「神」。

地球這座樂園、浩瀚無垠的這個宇宙，全都是神創造的。

也就是說，神擁有比太陽更耀眼的光明，比宇宙更寬廣、更深邃、更強大的力量。

神擁有能夠創造一切事物的至高波動。

我們人類，乃至動物、大自然、所有發生的現象，都是由神的粒子、神的波動所產生的。

孩子愛慕生育他的母親，永遠渴望那份溫情。

對於我們人類來說，最舒適的波動，就是與創造我們的神一致的波動。

我們會渴望接近神的波動，因為這將帶來至高的幸福。

擁有神的波動，就是處於「生之喜悅」中。我們永遠追求的理想境界，就是擁有神的波動。

不必多說，神是萬物的創造者。

既然是萬能且完美的神，要改造一個人的人生根本輕而易舉。

接近神的波動，就像獲得這種神通一樣，可以擁有超越人類智慧的能力。

越接近神的波動，人生就會順利到令人莞爾一笑，幸福也會來得輕鬆、來得理所當然。

那麼，怎麼做才能接近神的波動呢？

答案是，擁有像神一樣明亮的波動。

而要擁有明亮的波動，只要保持心情愉快就行了。

波動，簡單來說，就是「從一個人身上散發出的氣息」。

心情愉快的人會充滿陽光氣息、幸福洋溢，這就是我們應該追求的目標。

明亮的氣息是幸福波動的象徵，也就是神的波動。

明亮代表輕盈，黑暗顯得沉重

在人世間，區分幸福與不幸的條件只有一個。

一人哥認為，那個條件就是情緒的好壞。

想要熟練地掌握波動，讓人生變得更加富足和充實，只需要保持愉快的心情即可。正如之前所說的，心情好時，整個人自然散發出明亮的氣息。

只要保持微笑，自然能擁有神的波動。

問大家一個簡單的問題。

大家覺得明亮與黑暗，哪一個更能讓人聯想到幸福呢？

大多數人都會覺得，明亮的氛圍讓人輕鬆愉快。

相反地，黑暗則顯得沉重，似乎帶著往下墜落的感覺。

當明亮的陽光照耀大地時，視野變得清晰，走起路來也更加順暢。

即使腳下有障礙物，明亮的光線能讓你輕易察覺，輕鬆避開。

這樣就無需一一為障礙物分心，無論是工作或是生活中種種事情，都能全心投入，自然也更容易達成。

不必煩惱，生活變得輕鬆愉快了。

你自身的層次也會隨之順利提升。

反之，在漆黑的環境中，連前方幾公分的地方都看不清楚，要是腳下有塊石頭，很可能因此絆倒摔跤。

走在黑暗中，隨時面臨危險，這會給人造成極大的壓力，讓人籠罩在恐懼和不安中。

如果必須摸索前進，步步為營，你就不可能有餘力去關注其他事情。那麼有其他事情該做時，就沒辦法專心處理了。

明明這麼拚命努力，卻還是摔倒、碰壁……生活變得無比艱難。

因此，一人哥總是說：「走向光明的世界吧！」

只要你仍活在黑暗中，無論多麼努力，都只會帶來苦難和徒勞。努力再多，也難以收穫果實，這樣的生活實在太痛苦了。

然而，即便過去一直陷於這種狀態的人，只要走向光明的世界，生活會立刻變得輕鬆自在。

你會驚訝地發現，人生變得輕盈愉悅，不再需要艱苦奮鬥，也能輕鬆取得成功，財富也會隨之滾滾而來。

而你要做的就是，保持微笑。

為了生活在光明的世界，增加情緒良好的時刻至關重要，哪怕只有一分鐘、一秒鐘。

那些不擅長微笑的人或許會想：「難道沒有其他通往幸福的途徑嗎？」然而，這條路是無法避開的。

應該說，即便你在其他方面付出努力，不保持好心情就沒辦法有好的成果。

因此，何不專注在能確實帶來成果的事情上呢？

「歡喜心」讓世界圍繞著你運轉

人的光芒首先來自笑容。

而這個笑容是建立在好心情之上。

如果心情不好，想要強顏歡笑是很困難的。即使勉強笑了出來，也只會讓人毛骨悚然。

所以，只有在心情好的時候，才能展露真正的笑容。

一人哥稱好心情為「歡喜心※」。

從字面上看，「歡喜心」就給人一種「心情洋溢著歡欣與喜悅」的感覺，明亮又活力充沛。

要保持歡喜心，關鍵在於學會自我調整心情，時時刻刻寵愛自己。

寵愛自己，就能讓自己獲得歡喜心。

因此，你必須重視自己的「喜好」，多做一些讓自己開心的事。

當你能夠做到這一點，保持歡喜心就會變得很簡單。

人們往往因為忍受不喜歡的事情，或者在艱難時不允許自己逃避，才會無法保持心情愉快。

※此處日文原文為「上気元」，意思為「好心情」。經譯者對全書的考量，翻譯成台灣讀者較為熟悉且理解的「歡喜心」。關於「上気元」一詞更深入的解說，可參考作者另一本著作《すべてがうまくいく上気元の魔法》。

這樣的強忍和咬牙苦撐，會讓心情變差，進而降低波動。

當你感到痛苦，你的波動也會變成「痛苦的波動」。

這樣的波動無法帶來幸福。

人類是感情的動物。

遇到討厭的事，誰都會心情沮喪，一人哥也是如此。世上沒有任何人在面對困難時可以做到心如止水、波紋不生。

但如果每次內心動搖時都陷溺在煩惱中，或者責怪他人、不斷抱怨，只會讓自己的波動越來越低落。

結果就是生活上處處受阻。

一人哥認為，越是遇到困難，越要想起「歡喜心」。

遇到挫折時，如果可以很快振作，波動就不會繼續下降，現實狀況就不會進一步惡化。

但如果心情持續低落，波動大幅下降，那麼要再度提高波動就會變得困難重重。偶爾心情低落是無可避免的，但我們應該避免讓自己的波動大幅下降。

只要記住歡喜心，你就能防止自己陷入深沉的低潮中。

無論陷入低潮多少次，只要每次都能重整心情，就能輕鬆邁向更高的境界。

保持歡喜心時，波動會確實提升。

你會逐漸接近神的波動，無論人際關係、工作或是成功，所有事情都會如你所願，財富也會像河水流入大壩般源源不斷地湧入。

這就是這個世界的真相。

當你能以歡喜心自在地控制波動時，世界就會圍繞著你運轉。

如何？光是想像這個畫面，是不是已經讓你心潮澎湃了呢？

第 2 章

幸福大富豪傳授的歡喜心之道

沐浴在強大的能量中

心靈安定下來就能成功致富，擁有幸福的人生。

或許你經常聽到這樣的說法。

聽到「心靈安定」，可能有些人會覺得知易行難，但它其實指的就是「自我調整情緒」。只要你能讓自己保持多一秒鐘的歡喜心，就是「心靈安定」狀態，你也可以想成自己更接近神的波動了。

這樣，你的人生會充滿成功與富足，洋溢著幸福感。

當歡喜心提升你的波動時，你不可能感到人生不滿足。

因為，歡喜心代表心情歡欣喜悅，這就是一種幸福了。所謂幸福，意指「心靈充滿幸福感的狀態」只要達到這種狀態，你就已經獲得巨大的成功了。

當心靈安定下來，你的人際關係會很豐富，成功與財富也會隨之而來。你真的可以擁有一切。

保持好心情所帶來的好處，遠遠超出你的想像。

第一章中提到，要保持愉快的心情，就要善待自己、寵愛自己，讓自己自由自在去做喜歡的事。

對那些已經能夠做到這點的人來說，要進一步寵愛自己不會很難。

然而，對於那些長期忽視自我需求的人來說，可能會覺得難度頗高。

如果你是這種人，建議你先從「改變話語」開始。

我們說出口的話語有所謂的「言靈」，蘊含著與該話語相同的波動力。你可以借助這種力量來提升自己。

言靈具有波動的力量。

只要開口說話，你就能接收到與該話語相同的能量，彷彿沐浴在能量之中。

它就像魔法杖一樣，能改變你的波動。

例如「明亮」中蘊含著明亮的波動，「快樂」中充滿著快樂的能量。

如果不斷說出這些充滿高波動的話語，波動自然會更接近該話語的波動。

此外，「高興」、「安心」、「幸福」、「豐裕」、「美好」、「有趣」、「可愛（帥氣）」、「最棒」這類讓人聽了心情愉快的話語，也都帶著明亮的能量。

請試著多說這些言話語吧！

當你不斷重複說出這些話語時，你不僅會真的感到心情愉快，還會創造出這些話語所代表的光明現實。

當你經常對自己說：「你好可愛喔！」奇妙的是，你的外表也會變得很可愛，周圍的人也會對你更好、更加疼愛你。

如果你每天都稱讚自己：「你今天真是太棒了！」你會開始為自己感到自豪，別人也會對你說：「你真的很棒！」

這樣一來，你怎麼可能不愛自己呢？你一定會更加珍惜和疼愛這個美好的自己。

借助言語的力量，你就能輕鬆保持在歡喜心狀態。

一人幸福人人幸福，這種好康幹嘛不要!?

一人哥現在最喜歡的一句話是：**「未來是光明燦爛的。」**只要想到這句話，心情就會豁然開朗。

因此，對現在的我來說，「未來是光明燦爛的。」是最強大、最幸運的一句話，能讓我的波動提升到最高點。

為什麼呢？因為我們可以從自己喜歡的話語中汲取波動。

百分之百沐浴在話語所蘊含的「好氣場」中。

其實不只是話語，凡是「喜歡的事物」、「喜歡的東西」，都能大幅提升波動。

應該說，正因為這些事物會讓波動提升，你才會自然而然地被它們吸引。

有時你甚至沒辦法說明為什麼喜歡，只是無法抗拒那種強烈的感受。

這種超乎你個人意識的「喜愛」情感，代表你的靈魂（神賜予的生命）正在引導你。

這是來自靈魂的訊號，告訴你：「待在這裡會提升你的波動喔！」、「做這件事會讓你的波動變好喔！」

走向你喜歡的地方，品嚐你喜歡的食物，拿起你喜歡的物品，享受你喜歡的顏色和有設計感的服飾。

你應該讓居住的地方充滿自己喜愛的事物。

當你停止忍耐，優先考慮自己的喜好時，你就會充滿歡喜心，波動持續攀升，運勢也會節節攀高。

然而，許多人不明白這一點，總是把自己放在次要位置，甚至自願封印了自己的「喜好」。

當你告訴自己不要吃愛吃的食物時，表示你擔心：「老是吃愛吃的東西，會不會營養不均衡？」

當然，這個擔憂也有道理。考量到健康，我們應該均衡攝取各種營養。

但我認為，過度偏重這一點而壓抑自己的喜好是不對的。

明明喜歡吃某樣食物，卻因為擔心添加物有害健康而予以否定，或者強迫自己不要吃，這從心靈健康的角度來看並不健康。

如果你喜歡某種食物，代表那樣食物中蘊含著能讓你感到幸福的波動，甚至可能含有你需要的能量或營養素。

最重要的是，吃喜歡的食物會讓你心情愉快吧？沒有什麼比跟喜歡的人一起吃喜歡的食物更快樂了，這會帶來巨大的幸福感。

這件事本身就能大幅提升你的波動。

如果你的波動狀態良好，那麼一點點添加物不會對你的身體造成損害，因為良好的波動有助於打造健康的身體。

那些認為「以他人為優先才對」的人，總是習慣自我忍耐。

但這種想法只會讓波動下降。

即使你一再優先考慮對方，對方也不會獲得好處。

因為你低落的波動會大大影響周圍的人。

你低落的波動甚至會拖累別人的波動。

要關心別人，就該先讓自己幸福。

這個世界的鐵則就是如此。

當你達到神的波動狀態，你的波動會讓周圍的人感到幸福。這樣一來，不僅你自己，其他人都不會有任何損失。

一人幸福帶動人人幸福，這麼好康的事幹嘛不要？

當你了解這個事實，你就知道自己從前有多傻了。

人生沒有山也沒有谷，只有天堂

光明的話語中蘊含著光明的波動，陰暗的話語和負面的情感中，自然也帶有相應的波動。

俗話說：「人生有山有谷。」、「人生路難行。」其實，你看待這些話語的態度，就會成為你的波動。

換句話說，如果你相信人生真是如此，山啊、谷啊、困難等等，就會不斷出現在你面前。

一人哥認為：**「人生既沒有山，也沒有谷。」、「人生路易行。」**而且從未懷疑過這一點。

我的人生中，只有天堂。

因此，齋藤一人的人生旅途上，只會遇見歡樂、喜悅、感動，以及奇蹟般的事物。

無論何時何地，陰暗的波動永遠不會是正確的。即使面臨生死這樣的重大關頭，保持光明的波動絕對是正確的選擇。

即使摯愛的人離世，與其陷入無法自拔的悲傷，不如含著淚水微笑告別：「我們來日天堂再見吧！」這種心態與徹底被悲傷吞噬的心態相比，會帶來截然不同的未來。

而且，對於離世的人來說，肯定更樂意被笑容送行才對。要是讓親愛的人因自己的死別而陷入悲痛深淵，不就無法安心踏上另一個世界的旅程嗎？

善用波動，它就會成為你最強大的盟友。

但是，如果你理解錯誤而小看了波動的力量，就可能只吸收到負面能量。

我並不是在嚇唬你。

我只是希望人人都能好好利用波動，人人都能獲得幸福。

如果你要相信，請相信快樂和光明的事。

即使周圍出現了陰暗的言語或話題，你也可以選擇只看其中的光明面，或者把它們當耳邊風。

這樣一來，你的人生，無論走向哪條道路，最終都會通向天堂。

只會認真的話，一不小心就會變「悶真」喔

日本人多半擁有認真的性格，整體來說，這種民族性非常值得信賴。

在一些國家，今日的承諾可能明日就翻臉，但在日本，這種情況極為罕見。

一人哥長期在日本做生意，我可以打包票，日本是一個可以安心做生意的國家，所有的交易過程都非常順暢。

然而，過度的認真，可能會讓這個優點變成缺點。認真過了頭就會變「悶真」，波動也會變得陰鬱沉悶，了無生氣。

那麼該怎麼辦呢？其實，只要不變成無趣的認真就行了。

當我說「過度的認真不好」時，有些人會說：「我知道了，那我就戒掉認真！」像這樣的極端反應是不必要的。

前面說過，認真本身是非常優秀。如果就這麼戒掉它，實在太可惜了。

再說，本性認真的人，要他們完全戒掉認真根本不可能吧？

認真的人要戒掉認真，反而會給自己帶來壓力，導致波動下降呢。

認真也有所謂「最理想的認真」。

那就是快樂的認真、有趣的認真。

例如像一人哥這樣，喜歡女人又有點玩世不恭的認真。

過度認真最大的問題在於，這種人往往忽略自己，總是把別人的需求放在第一位而忘記關心自己。

這樣就會成為一個硬邦邦的認真人，缺乏自我放鬆的空間。解決之道在於，保持認真和誠實的同時，為自己加入一些自由和放鬆的元素。

當然，如果你覺得：「我就是喜歡做一個完全認真的人」、「認真就是我的興趣」那麼你可以繼續走這條路，因為只要認真讓你覺得舒服，那麼貫徹下去自然能提升你的波動。

但根據一人哥的經驗，我是沒見過這樣的人啦。

每個人都渴望自由，而且對那些稍微亂搞、不正經的事也多少感興趣。

因此，不要隱藏你的真實想法，隨心所欲地生活吧。保持認真的優點，盡情地遊戲人間吧。

這樣你就會在快樂的狀態下提高振動頻率，甚至達到神的波動境界。

不想受到影響，就不會輸給它

話說「弱肉強食」，在這個世界，強者恆強似乎是常態。波動這類能量也是同樣道理，弱的能量往往容易受到強的能量所影響。

不過啊，一人哥還有另一個看法：

「只要不想受到影響，無論多強大的波動來襲，都不會輸給它。」

表面看起來很強大的人，未必真的擁有強大的波動；而看似瘦弱纖細的人，可能散發著驚人的波動力。

比方說，拳擊比賽中，有些選手看起來溫和無害，一旦登上擂台，卻極其強悍；相反地，只會用惡狠狠的表情威嚇對手的人，往往不堪一擊。

當然，也有外表與波動相符的人，只是不符的人非常多。外表和波動如何表現，每個人都不一樣。

一人哥相信，波動比我更強大的人比比皆是，但我從來不會被任何人的波動所左右。

說到波動的較量，我沒有一次輸過。

因為我會散發出比任何人都更明亮的波動。

波動的較量不是看誰強誰弱，而是看誰的波動更明亮。

當然，如果對方釋放出好的波動，我會欣然接受。

因為他們的波動會提升我的波動，而且如果我也將好的波動回饋他們，他們會很開心吧。這是雙贏！

但如果遇到討厭的人，我會立刻決定：「我才不要你的波動咧！」然後就像在相撲場上一樣，用明亮的波動將他推到場外——那個跟我無關的另一個世界。

只要你不打算受到影響，無論對方的波動多強，都與你毫不相干。

會輸給強大波動不是因為你的波動太弱，而是因為你的亮度不夠。

不珍愛自己，只會不斷忍耐。

總是對自己吹毛求疵。

壓抑自己的「喜好」，不讓人看見。

當你的波動不夠明亮時，這些現象就會出現。

如果你允許自己去做喜歡的事，給自己「自由」，那麼你自然會充滿歡喜心，波動也會跟著光明起來。

那麼即便有惡魔般的傢伙出現，你也能以強烈的光芒輕易驅散他。當你的光芒變得更明亮時，討厭的人甚至無法靠近你。

波動具有吸引相同能量的特性。住在黑暗中的人，無法踏入光明的世界。

當你的波動越來越光明，討厭的人會逐漸遠離你，最終，只有那些光明且充滿愛的人會留在你身邊。

從小小的「喜好」開始挑戰

不要壓抑自己。

讓自己自由去做喜歡的事。

對於這些事情，你沒必要想太多。

有些人會想到那就大肆揮霍，或是乾脆辭掉工作，甚至挑戰一下從清水寺的舞台往下跳……這就想太多了。

首先，只需踏出一小步就好。

就像跳箱，從來沒跳過的人一開始就挑戰十層，根本不可能跳過吧？即使鼓起勇氣奮力一跳，跌倒或受傷的可能性還更高，反而不容易成功。

對於新手來說，當然要從一層跳箱開始跳，然後每跨越一層再逐步提升高度。同樣地，停止壓抑自己，允許自己自由行動，也應該從簡單的事情開始。

如果一開始就大膽行動，可能會因為慘敗而心情受挫。

具體來說，假設你喜歡紅色，而當你和朋友一起去買衣服時，朋友對你說：「你挺適合紫色喔！」、「為什麼不選紫色的衣服呢？」

如果你不尊重自己的「喜好」，在這樣的情況下，你會很快聽從別人的建議，不選紅色而選擇其實你並不怎麼喜歡的紫色。

然而，你的內心是想穿紅色衣服的，這樣，心情與現實就會產生一個小小的落差。

忍耐會產生或大或小的不滿。

你可能會想：「不會吧，這樣雞毛蒜皮的小事……」

但即便是微不足道的小事，積累起來也會變成巨大的不滿，而這種不滿會侵蝕你的情緒。

所以我通常不會聽別人的話。要是一人哥，不管別人怎麼推紫色，肯定還是會選紅色的。

不要因為小事一件就妥協，正因為是小事才絕對不可退讓。

為什麼呢？因為日常生活中的事情大多都是小事，一生中能遇到的大事屈指可數。

而且，如果你總是為芝麻小事忍讓，會養成忍讓的習慣。當你需要做出重大決定時，反而會無法做出符合自己心意的判斷。

人類通常做不好不習慣的事。

正因為你重視日常中的小事，不斷挑戰跳較低的跳箱，當遇到稍微高一點的跳箱時，才有勇氣一躍而過，獲得成功。

然後，你就能挑戰更高的跳箱，最終達成連自己都驚訝的成果。

水不夠就無法分享給別人

如果你身處沙漠，水壺裡只有一點點水，這時候有人來請你分一點水給他，你會很困擾吧。

台語有句俗諺：「生食都不夠，哪有通曝乾。」

你自己都不夠喝了，哪來多餘的水給別人呢？但如果你面前有一口水量充沛的水井，你就可以大方說：「來來來，盡量喝！」

因為你的水壺已經裝滿了，還有多到裝不下的水，與其浪費掉，不如歡喜地與人分享。

真正的善意就是這樣，是一種無條件的愛。

當你愛自己，你的心靈就會被愛填滿。

當這份愛越來越多，多到滿出來，有人需要時你便會慷慨地分享。

即便你把這些滿出來的愛分給別人，你的心靈也不會乾涸，反而會因為「這份愛沒被浪費掉真好！」而感到喜悅。

因此，你不會期待任何回報。

看到對方展露笑容，你便心滿意足了。而且，你的愛會因此變得更加豐盈。

那些期待回報的人，其實是內心還不夠滿足的人。

他們的心中缺乏愛，所以才會覺得：「我明明這麼費力地為你著想，怎麼你都不知回報？」當他們沒得到期望中的回報，就會感到不滿。

老實說，這種人給的愛是一種負擔。他們以施恩的態度強迫推銷愛，還要求回報，這誰受得了？

當一個人老是苛刻自己，心靈被逼到極限時，他所表現出來的善意，往往變成別人的困擾。

如果你真心想對別人好，必須先讓自己幸福。沒有充裕的心情，就無法善待別人。

當你珍愛自己，讓自己充滿歡喜心，你周圍的人自然也會變得更好。

即使你沒有刻意為他們做什麼，只是待在那裡，你的存在就能帶來幸福。

當你的波動提升到神的波動境界時，那種波動會影響你周圍的人。

因此，無論是遇到「孩子宅在家裡不出門」的困擾，還是「公司裡有人一直在抱怨，有夠煩」的苦惱，你都不必費心去改變他們。

最有效的方法是——提升你自己的波動。

只要你愛自己，重視自己，讓自己充滿歡喜心即可。這樣就沒有什麼解決不了的問題了。

必須全力支持自己

感到沮喪就該盡快恢復心情。而要做到這點，最關鍵的便是自我調整情緒。

不過，在自我調整情緒的過程中，有一件事絕對不能忘記。

情緒低落並非壞事。請務必牢牢記住這個大前提。

有些人急於改善心情而認為情緒低落是不應該的。但這樣做反而會導致自我否定。

他們會認為：「我怎麼那麼容易就心情沮喪？」或是：「全都怪我心胸太狹窄了。」這樣的想法才是最危險的。

你是獨一無二、無可替代的重要存在。

世上只有一個你，而且有些事情只有你做得到。你的存在必定讓世界上某些人感到幸福。

就是有一些討厭的事情發生了，害如此重要的你心情沮喪。會沮喪是很正常的，千萬不要責怪自己。

這種時候，最好的做法是對自己說：「我懂！」、「的確很不好受呢！」先同理自己的感受。

假如你因為某些不愉快的事向朋友傾訴，對方卻責怪你說：「這就是你的不對了！」你肯定會覺得是在傷口上撒鹽吧？

就算你真的有錯，其實這種事沒人比你更清楚。你就是明知如此卻不知如何是好才會這麼痛苦吧？

但朋友再補刀一句：「這就是你的不對了！」肯定無言……

這種事你應該很能感同身受才對，因此，當朋友向你傾訴時，你會說些溫柔的話來安慰對方吧？

但是，當面對自己時，我們往往變得十分苛刻。這是不合理的。

一般人都認為「嚴以律己」是天經地義的事，但要一人哥來說的話，我會說：「應該對自己好一點才對。」

對自己來說，自己永遠是最重要的。要多多稱讚那個一直努力不懈的自己；

當自己受傷時，也應該學會同情並接納自己。如果你總是「嚴以律己」，這個自己就太可憐了。

沒有人比你自己更了解自己的心情，也沒有人比你更重視你自己。

這個世界上，只有你能全心全意地愛惜你自己。即使全世界都與你為敵，你也絕對不能拋棄自己。

請全力支持自己，永遠站在自己這邊。

第3章

運勢由無形的存在所掌控

看對方的臉，就知道他的波動狀態了

一個人的心情好壞，其實大致看一下就能辨別出來。簡單說，我們可以從對方的外貌，看出他的波動狀態。

笑著的人、快樂的人、親切的人，無疑會散發出良好的波動。

而那些焦慮、哭泣或痛苦的人，不可能散發出明亮的波動。

最容易看出波動的部位是臉。

曾有人問我：「一個手摸起來很溫暖的人，是不是代表他的波動也很溫暖？」

但我們怎麼可能故意去摸人家的手。

或許有人是靠摸手來知道波動的好壞，但其實看對方的臉就知道了，根據臉部表情來下判斷即可。

是說，新生兒還不會做出很多表情，你可能會問，那要怎麼判斷他們的心情好壞呢？其實嬰兒的波動更是一目瞭然。

因為嬰兒只要有一點點不舒服，就會透過哭聲來表達。

尿布濕了啦、肚子餓了啦，有這些不舒服的感覺時，波動就會稍微下降；但如果解決掉這些不舒服的原因，嬰兒就會停止哭泣。

這就是他們心情好轉的訊號，因此從某種角度來說，嬰兒的波動比大人更容易從外表看出來。

無論大人或小孩，只要你仔細觀察，就能大致看出對方的波動狀態。

說得更深入一點，**大人的波動，主要是由他們的言行舉止決定的。**

笑著寵愛自己、說出溫暖人心的話、善待自己也善待別人，這樣的行為越多，波動就會越高。反之亦然。

至於尚未建立自我意識的小孩子，他們的言行大多是基於本能，因此他們的波動不是由他們的個人意志所創造的。

那麼，是不是所有小孩子的波動都一樣呢？

就一人哥的角度來看，並非如此。

雖然不是那麼了解來龍去脈，但一人哥相信，小孩子在一定年齡之前，他們的波動可能是處於「前世帶來的狀態」。

也就是說，小孩子在前世結束時所擁有的波動，決定了他們在這一世出生時的波動狀態。

來自光球的神祕教導

前面提到，人會帶著前世的波動來到這個世界。意思是說，人生不是僅有一次的單一旅程。

人生是一個連續的過程。我們一次次投胎出世，一次次成長蛻變，這就是所謂的「生生世世」概念。

簡單說，我們是透過不斷的轉世來提升經驗值，逐步接近神的境界。

這點我從很小就知道了。

接下來要分享的經歷，你可以選擇相信或不信。

那是我還沒上小學時的一個晚上，我突然從睡夢中醒來。

半夢半醒之間，眼前浮現一個閃亮的東西。
圓圓的、白白的、發亮的光球。

那是什麼啊……？

正覺得神奇時，這個光球開始變大，開始靠近我，然後瞬間將我吞沒。
當我進入這個光球時，太令人驚訝了！
就在我被光球包圍的那一瞬間，我一直以來的所有疑惑，全都頓悟了。

一人哥從小就與眾不同，經常思索人生的意義——
人為什麼會活著？
我們從哪裡來？死後會去哪裡？
這些問題每天在我的腦海中轉了又轉，但我怎麼想破頭都找不到答案。

從我出生以來，基本上沒有什麼真正的煩惱，要說唯一有過的煩惱，就是當時那種苦思不得其解的鬱悶狀態吧。

讓我如此絞盡腦汁的問題，在被光球包圍的瞬間，一切都明白了。

我明白了——

人的靈魂是永恆的，肉體雖然會死去，但靈魂永遠不滅。

靈魂不斷在此世與彼岸之間來回輪轉。

當肉體在這個世間迎來死亡時，靈魂會回到神的身邊（彼岸），然後再次從神那裡領受一具新的肉體，投胎到這個世界。

人類就是這樣不斷轉生，經歷地球上的種種酸甜苦辣，使靈魂獲得成長。

為了接近神的波動而全心全意投入修行。

既然得到了肉體，就必須在這裡竭盡全力學習，這是我們每個人的使命。

那次經驗以後，白色的光球還出現過好幾次。

並且教導我許多事情。

我最後一次看到光球，大概是在七、八歲左右吧。在那以後，直到現在，光球再也沒有出現過。

如今回想起來，雖然那只是短短幾年的經歷，但世間最重要的事情、這個世界的本質，似乎都在那段時間裡茅塞頓開。

我依照光球的教導而生活，結果就是造就出如今幸福的一人哥。

我由衷感受到，自己得到了無形存在的幫助，才能擁有今天的成功與富足。

你一直都受到保護喔

這也是過去光球教過我的一件事——

「守護靈」

「指導靈」

「龍神」

每個人都受到這三尊神的保護。可以說，我們就像有三位「私人教練」一直陪伴在身邊。而且，每一位教練都擁有卓越的力量。

這些教練全心全意愛著你，把你看作自己的孩子般小心呵護著。

他們比任何人都希望你幸福，全力支持你，並確保你不會誤入歧途。

也許有些人對守護靈、指導靈和龍神不太了解，讓我簡單介紹一下。

【守護靈】

多數情況下，守護靈是你祖先等靈魂家族中的一位成員，他們隨時都在守護你，確保你能平安無事地度過一生，免受災禍的侵害。

【指導靈】

指導靈是幫助你在工作或學業上提升技術與能力的存在。他們會在最恰當的時機傳授你所需要的資訊，並引導你找到適合的夥伴。他們提供各種支持，讓你成長進步。

當你的技能提升到更高的層次，你的指導靈也會不斷換成更高層次的靈體，持續提升你的能力。

【龍神】

龍是神的使者，自由穿梭於這個世界和彼岸。就跟守護靈一樣，每個人都有專屬的龍神陪伴。

萬一你走錯路了，龍神會帶來神的訊息，告訴你：「這條路是錯的！」會透過帶有學習意義的事件讓你明白。

如果你走在正確的道路上，龍神則會帶來神的獎勵與恩賜。

如果你沒特別去注意，就不會感覺到他們的存在。

但是，**即便看不見，你仍相信他們就在你身邊，時時感恩他們的陪伴，那麼這些教練就會非常開心**，進而更加努力地幫助你。

畢竟，獲得心儀對象的注意，任何人都會感到開心。

神和你的靈性教練也不例外。

有歡喜心的基礎，才能成為神級的專業人士

你的靈性教練，無論是守護靈、指導靈還是龍神，都希望看到你的笑容。

當你擁有歡喜心這種至高的喜悅，他們會無比開心；看到你的笑容，他們會想讓你變得更幸福。反之，當你情緒低落，他們就會非常擔心。

這些守護在你身邊的教練甚至會感到痛苦，導致無法充分發揮力量。

不僅如此。

你那張愁眉苦臉會像鐵捲門般，把你自己和外界隔離了。

特別是在你最需要幫助的時候，這道你自己拉下的鐵捲門，讓你的靈性教練無法靠近你。即使他們非常想幫助你，也是無能為力。

越是陷入低迷的波動，運氣總是越差，這與無形世界的運作機制密不可分。守護靈、指導靈和龍神，全都充滿光明的波動，與陰暗的波動無法相容。

因此，**要獲得這些私人教練的協助，常保歡喜心是唯一且最關鍵的鑰匙。**無論你是想要加深學習還是精進工作，這一切都必須建立在歡喜心這個基礎上。只有保持愉快的心情，快樂地學習和工作，你才能在通往神級專業人士的道路上進步。

順帶一提，之前提到指導靈會隨著你的成長而不斷更換。

這點其實非常有趣，當你習慣之後，你就能察覺到「指導靈換了」。

最明顯的感受是，你發現自己心情愉快的時間變多了，或者在工作上覺得自己能力進步了，甚至願意接受更具挑戰的任務，這些都是指導靈換成更高階靈體的徵兆，表示你進入下一個階段了。

一旦你能夠察覺到這些變化，你就會興奮得全身顫抖。原本單調的日子，會因為歡喜心而變得充滿愉悅的刺激和感動。

這樣的喜悅會進一步提升你的波動，形成相輔相成的效果。

一人哥認為，我的身邊一直有著全世界……不，是全宇宙最光明的指導靈在守護著我。每當我的波動變得明亮一點，更光明的指導靈就會到來，幫助我進一步提升波動。

長期積累下來，一人哥已經是「金光閃閃」的達人了。

當你越來越感受到守護靈、指導靈和龍神的力量，你對這些守護者的感恩之情也會越來越深。

表達感恩的方式，其實就是笑容。

只要變得比現在更快樂，就是給靈性教練最好的回報。所以，請盡情的享受人生吧。

騎乘龍背，實現次元提升

每一尊神一人哥都喜歡，其中最吸引我的，非龍神莫屬。

而且，我相信「八大龍王」（神格最高的龍神）一直在我身邊守護著我。

這是一種超越科學的感覺，從小時候起，我就覺得：「八大龍王在保護我。」

對許多人來說，一人哥的人生真的是太幸運，幸運到令人掉下巴的程度了。

不僅連續多年成為日本納稅冠軍，還曾多次重病纏身卻平安康復，擁有溫暖且深厚的人際關係，從不感到孤獨。

我的每一個願望，無論大小，幾乎都得到了實現。

那麼，一人哥是如何讓這樣奇蹟般的人生成為現實呢？

我認為全都是因為龍神不斷幫助我提升我的次元。

次元提升，意指靈魂遷移到更好的世界，簡單來說，就是瞬間移動到自己所希望的世界。

例如，讓人頭痛的上司突然調職離開，或是轉職成功並提高收入、遇見了理想伴侶等。

這些幸運的事情，正是你所在世界變得更美好的證明。

也就是次元提升。

而幫助我實現次元提升的，就是龍神。

龍是神的使者，是唯一能夠自由往來於這個世界和彼岸的存在。

因為龍可以自由自在地穿越次元，當神下令：「提升這個人的次元吧！」龍神就會立即帶領我們的靈魂進入另一個更好的世界。

不過，並非所有人都能騎上龍背。

要讓龍神帶領我們提升次元，有一個必備條件，那就是波動。

只有擁有明亮波動的人，才有資格騎上龍背。

龍不像人類這般擁有物理性的肉體，祂是載著我們的靈魂來幫助我們提升次元。而且，只有波動輕盈的靈魂才能騎上龍背，波動沉重的靈魂即便騎上了龍背也會被甩下來。

你可以想像天上的雲。這樣比較容易了解。

雲是由水蒸氣組成的，若是承載太重的物體，物體會穿透雲層掉落。只有比水蒸氣更輕的物體才能放上雲端。

同樣道理，只有輕盈的靈魂才能騎上龍背。

所以，必須是光明的波動。

光明，就是像光一樣輕盈透亮。

輕盈的波動，就是光明的波動。而且，越是擁有歡喜心，波動就越輕盈。

當你調整心情，提升波動後，龍神隨時都會讓你騎上祂的背。那麼，說不定你就能不斷「蹦蹦蹦」地進入更高的次元呢。

運氣好與運氣不好的關鍵？

有時候我們會發現，兩個擁有相似想法和生活方式的人，卻有著截然不同的運勢。有些人總是運氣很好，有些人卻處處不順。

那麼，兩者究竟有什麼不同？運氣的明暗究竟是怎麼區別出來的？

答案其實很簡單，最大的區別在於「想法」。

運氣好的人，會把遇到的事情全都想成是對自己有利的事情。即便經歷失敗，也會心想：「我的運氣真好啊！」

即使失敗了數十次、數百次，他們也不會把這些失敗與不幸連結在一起，反而會這樣想：「又排除一條錯誤的道路了！」、「這樣我離成功又更近一步了！」

一人哥就是這樣的人。無論發生什麼事，我都百分之百相信自己運氣很好。結果呢？我敢說，我應該是全世界運氣最好的人。我的人生一路順風順水，這讓我真心相信我的運氣是宇宙無敵的。

然而，世上也有這樣的人，僅僅因為一次失敗就斷定自己「運氣不好」、「衰到爆」。

觀察這類人，你會發現他們總是意志消沉，波動低落。而且，雖然這麼說可能有些不太禮貌，從旁人的角度來看，他們確實運氣很差。

情緒不好的人，無論如何都不可能走好運。

不過，並不是他們天生就運氣差，而是**他們自己選擇了運氣差的道路。**

每次出點什麼事，他們總是立刻下結論：「都怪我運氣太差了！」這種想法化成波動，從而吸引更多的壞運氣。

如果你覺得自己「運氣不好」，那麼現在就應該改變這種思維。保持愉快的心情，告訴自己：「我是個幸運的人！」

無論過去發生了什麼，只要改變想法，你的波動就會產生變化，進而擁有幸運人生。

那些總是心情愉快的人，無論他們走到哪裡，所到之處都會變成最強的「能量場所」，被無限的好運包圍。

說得極端一點，即便是發生過意外事故或凶殺事件的地方，甚至墓地，都會因為他們的存在而變吉利。

無論什麼樣的地方，只要你帶著歡喜心走進去，那裡就會立刻被淨化，所有的負面能量都會消失。

剩下的只有愛，那個地方會立刻變成充滿愛的場所。

魔法之劍，一擊斬破黑暗

有些人很看重自己的「喜好」，想要保持好心情，想要擁有歡喜心，卻總是難以如願。為什麼呢？我想他們缺乏的是多一點對未來抱持希望的信念。

無論是遇到困難而心情不好，還是沒有明顯的問題但依然不開心，這樣的壞心情大多來自於對未來的悲觀。

明明沒有人能夠精準地預測未來，他們依然感到莫名的恐懼。

這種恐懼，部分來自於電視和網路上的大量負面訊息。

這個世界充滿了各種讓人心情沉重的事。如果你是無腦地看著新聞，很容易就被帶入消極的情緒中。

因此，「我要好好保持歡喜心！」、「我一定要保持微笑！」的信念就變得格外重要。

隨時提醒自己去找出未來的光明和希望。

這是我們在這個地球上的修行，而能夠欣然挑戰這種修行的人，會最先感受到幸福。

至於那些看不到未來光明希望的人，我建議可以借助「言靈」的力量。

「未來是光明燦爛的！」

每天唸這句話一千次看看。言靈的力量會漸漸消除你的不安。

「未來是光明燦爛的！」這句話就像一把魔法之劍。

當不安或恐懼的黑暗來襲時，只要立刻唸出：「未來是光明燦爛的！」就能一擊斬破黑暗。

所謂「理智上知道，現實卻做不到」，其實只是一種思考習慣罷了。如果你有這種習慣，趕快把它改掉就好。

就像刷牙，大多數人總是從同一個位置開始刷。這是刷牙習慣的影響，造成我們無意識地按照同樣的步驟刷牙。

要改變這個習慣，只需要從不同的地方開始刷牙，慢慢養成新的習慣即可。起初必須刻意用新的步驟去刷牙，但時間一久，就會習慣成自然了。

改變波動的過程也是這麼簡單。

那些導致貧窮波動的貧窮思維，說真的，是從你父母，甚至更早的祖先那裡代代相傳下來的。責任不在你，錯不在你。

因此，你不必責怪自己，只要平靜地養成新的思考習慣就好。

每天唸一千次「未來是光明燦爛的！」你會發現你的想法真的變樂觀了，與此同時，你的波動會更加豐富。

即使遇到問題，心情變壞的次數也會減少，很自然地養成常保歡喜心的習慣。當你習慣了常保歡喜心，反而會對不開心的自己感到不自在和不舒服，這時你就會更想要常保歡喜心了。

就像一人哥這樣，你會開始以

「船到橋頭自然直，煩惱只會浪費時間！」

「痛苦和煩惱毫無意義！」

這樣的大前提來過生活。

問題的解決，正是神頒發的畢業證書

每個人都帶著「今生要學習的功課」來到這個世界，這些功課是我們與生俱來的考驗。在學會這些功課之前，相似的問題會一再出現。

如果總是被不擅長的人事物牽著走，這樣的困難就會無止盡地持續下去。

對於這種考驗，每個人需要學習的內容會有所不同，有的人需要學會拒絕，有的人需要學會離開不喜歡的對象。但無論遇到什麼問題，都應該抱持一個信念：「這裡一定有我要學習的功課。」

這些考驗是我們在投胎到這個世界之前，與神在另一個世界達成的「學習契約」。我們自己決定「今生我要學習這個功課」，然後告訴神，得到神的同意：「那你就好好學習吧！」我們才被送到這個世界來。

因此，無論遇到多高的障壁，我們都無法逃避。

其實也不是說無法逃避，而是這堵高牆本來就是你自己（你的靈魂）所期望的，因此逃避的選項根本不存在。

靈魂希望面對考驗並戰勝它。靈魂渴望學習。

人類來到地球，就是為了享受克服考驗的過程。當我們徹底理解這一點，我們對問題的看法就會完全改變。

原本讓我們痛苦的高牆，會變成「該怎麼做才能翻越這堵牆呢？」的興奮與期待。

當你享受學習的過程，問題就會迎刃而解。

這些考驗是為了學習而出現的，當你明白事情真正的意義後，那個問題就沒必要出來考驗你了。

問題的解決，其實就是神頒發的畢業證書，告訴你：「你做得很棒！」

大家或許都有這樣的經驗：一個讓你苦惱許久的問題，突然間戲劇性地解決了。你根本不知道怎麼回事，但問題就這樣圓滿地解決了。

這就是典型的畢業證書。

你已經學會了該學的功課，問題就沒有存在的理由了。

當事情不順時，我們會心浮氣躁。

然而，我們來到這個地球，就是為了享受這種不順和不便。因為在沒有肉體的另一個世界，根本無法體驗這種焦慮和挫折情緒。

如果我們能帶著這種觀點，不過度努力，不痛苦，以興奮的心情迎接考驗，那將是最理想的狀態了。

第 4 章

「神的波動」化不可能為可能

波動的顏色就是「你喜歡的顏色」

波動是無形無色，無法觸摸的，因此很難真正感受到它的存在。
不過，一人哥這樣認為：五感無法察覺的東西，就透過「第六感」來體會。
換句話說，可以透過靈魂或心靈之眼來感知它的存在。

例如，想像波動的顏色就是一種方式。
我認為每個人都有自己專屬的波動顏色，以一人哥來說，我覺得是金色。
為什麼呢？因為我超喜歡金色。
金色給人一種富饒的感覺，非常耀眼，即使在黑暗中也不失光輝。
自己說可能有點不好意思，這完全符合一人哥的生活方式。

你喜歡的事物能夠提升你的波動。

就像我之前說過的，**顏色也一樣，你最喜歡的顏色就是你的幸運色，能讓你的波動熠熠生輝。**

因為，你喜歡的顏色其實就是你波動的顏色。例如，喜歡紅色的人擁有紅色的波動，對紫色著迷的人則擁有紫色的波動。

你之所以會「喜歡」，總是有它的道理在。

有時候，例如去算命或諮商時，對方可能會推薦你一個顏色，說那個顏色充滿能量，可是你卻沒什麼感覺。有人會因此懷疑自己是不是感覺遲鈍，但其實不是這樣的。

從波動的角度來看，沒感覺是很自然的，因為那個顏色和你的波動根本不一樣（不是你喜歡的），所以心靈無法產生共鳴。

如果算命老師推薦的是你喜歡的顏色，你一定很有共鳴，會開開心心地把這個顏色穿在身上。

如果強迫自己接納不喜歡的東西，表示你忽略了自己的感受，這樣反而會變成一種在忍耐的波動。

原本是為了提升波動才選那個顏色，結果適得其反，降低了你的波動。

因此，可別盲目聽從別人的意見。必須重視自己的感受，聆聽內心的聲音。

順帶一提，有時過了一段時間，你喜歡的顏色會變。比方說，從前你喜歡粉紅色，最近卻總是被黃色吸引。

這是很正常的現象，因為當波動的顏色在某種機緣下改變後，那個顏色就會變成你喜歡的顏色。

是說，人是善變的，因此不論你的喜好改變多麼大，都沒有問題。有些人在一生中，喜好的顏色（波動的顏色）從未改變，這也沒有問題。

有些人喜歡很多顏色，或許他們的波動就像彩虹般七彩繽紛。

正因為每個人都不一樣，這個世界才如此有趣。顏色的不同單純只是個性上的差異，絕對沒有好壞之分。

重要的是，將你現在最喜歡的顏色當成好夥伴，讓自己保持愉悅的好心情。

如同不死鳥般奇蹟復原

人們常說，心靈與身體是一體兩面。

的確如此，當身體不適時，調整心靈狀態往往能帶動身體的康復。

當心情沉重時，透過運動讓身體充滿活力，或是改善營養均衡、過健康的生活，心靈的陰霾也會隨之消散。

當然，並不是自己照顧好自己就夠了，身心有任何不適，根據情況尋求醫學幫助也很重要。

世上不乏這樣的例子：

「無論接受什麼治療都醫不好身體的不適，但我誠實面對心靈、提升波動後，竟然奇蹟般地康復了。」

「開始運動後，長期依賴的憂鬱症藥物就成功戒掉了。」

同時調整心靈與身體，確實能比一般情況更快恢復元氣。

順帶一提，一人哥從小就體弱多病，多次在鬼門關前徘徊。

可是即便病痛纏身，我的心靈從未被擊垮。因為我知道，如果心靈被這些疼痛影響，只會不斷加深痛苦，甚至讓病情更加惡化。

當你因為生病而心靈動搖時，渴望康復、想要重獲健康的意志也會被奪走。

當然，你的波動也會跟著改變。

意志消沉會影響你的未來朝「無法痊癒」的方向發展。

因此，一人哥無論身體多麼痛苦，即便無法離開病床，心靈依然在自由地漫遊。我熱愛旅行，最棒的療癒方式就是心靈旅行，藉此滿足內心的渴望。

身體狀況稍微好轉時，我也會和其他住院病友愉快地聊天。

說來好笑，每當一人哥和大家打成一片後，其他病房就會流傳起「那間病房很好玩」的傳聞，甚至醫師和護理師有空時，也會過來找我玩。

每天都被很多人包圍著呢。

一人哥的病房每天都熱鬧非凡，那氣氛根本不像是住院，而是大家一起參加營隊的感覺。

大家笑成一團時，彼此的波動也隨之提升，這種正向的波動在病房內互相影響，整個病房便充滿了明亮的波動。

結果，我和其他病友的健康迅速好轉，連醫生都感到驚訝。我們就像騎上龍背，不斷進行次元提升。

我總是如不死鳥般地奇蹟康復。

藉助波動的力量，化不可能為可能。相信各位能夠理解為什麼我會如此深信不疑了。

相信未來光明燦爛，這樣的心態就是開悟

我一直告訴大家：「放輕鬆心情！」、「放輕鬆身體！」

原因就是我之前提過的，心情放鬆了，身體的狀況也會隨之改善；同樣地，

當鬆綁身體進入輕鬆狀態時，心情也會變輕盈。

身心健康，無疑是最幸福的事。

然而，突然要「放輕鬆心情！」、「放輕鬆身體！」，有些人可能不太知道該怎麼做。

尤其現在正處於世態劇變的時期。無論是變化無常的氣候，還是動盪不安的國際情勢，都讓人身心更容易緊張。

被不安感籠罩時，人的身體會不自覺地僵硬起來，而生物的首要任務就是保護生命，因此在潛意識中，身體會本能地用力。

對許多人來說，眼前發生的事情就是一切，當下的好壞會影響他們的情緒。心靈容易被不好的現象牽引，進而產生不安、憤怒，甚至陷入空虛感。

此時，即便想讓心情變得輕鬆也會困難重重。越是想要克服，心靈負擔就越加沉重，反而讓自己更難受。

因此，這時候需要的是一些充滿光明的話語。

未來是光明燦爛的！

輕輕鬆鬆！

一切都會沒問題的！

當你不斷重複說出這些輕鬆愉快的話語，你的心情自然而然會變得輕鬆。心靈放鬆了，身體的緊繃感也會隨之消散，整個人就能進入放鬆狀態。

除此之外，不論是工作還是求學，都不要過度努力。

如果感到疲倦，要記得給自己充分的休息，讓自己做一些喜歡的事。千萬不要把照顧自己這件事排在後面喔！

當心靈和身體都放鬆了，便能轉念，不再覺得世間各種令人不安的變遷都是壞事。

或許，當下的情況看起來有些糟糕。

但這也是一種契機，讓未來更加充滿光明和希望，換句話說，這是世界進步發展的必要過程。

我們常聽到所謂的「開悟」，這不是神佛的專利。

開悟的境界是，相信這個世界會越來越好，即便看到不好的現象也不會被它牽著鼻子走。

無論眼前發生什麼，依然相信未來是光明希望的，這樣的心態就是開悟。

當你處於歡喜心狀態而開悟時，不論當下的情況如何，你都會因為相信明天會更好而充滿興奮與期待。

跟神做朋友，運氣會飆升

擁有好的波動，意思就是逐漸接近神的波動。

儘管人類無法成為神，但只要常保歡喜心，一步步接近神的波動，神就會給你打個圈，你的運氣自然會不斷上升。

即便如此，如果你行有餘力，應該嘗試「跟神做朋友」。

跟神成為好朋友後，波動的提升速度會非常驚人，遠遠超過一般的速度，更快達到神的波動境界。

跟神成為好朋友這件事不必想得太難。

就像人與人之間，如果想要與某人建立友誼，你會注意對方喜歡的言行，觀察對方的氣氛，了解他們喜歡的東西，然後慢慢交流，逐步拉近彼此的距離。

對於神，當然也可以採用同樣的方式。

神喜歡看到你充滿歡喜心的模樣。對神來說，最令祂感到欣喜的就是我們的笑容。

因此，我們要做的第一件事，就是保持比以往更好的心情。

此外，如果你想感受神獨特的氛圍，去神所在的場所是不錯的選擇。典型的場所就是神社。

日本有很多神社，大部分人都曾經參拜過，無論是新年參拜還是其他場合。幾乎沒有人不曾去過神社，這也說明了神在日本是多麼貼近人們的生活。

即使不是信仰特別堅定的人，也會說：「神社的氣氛就是不一樣呢！」一踏入神社，總會感受到一種特別的氛圍，多少有一種與神接觸的感覺。

你會不自覺地挺直腰背，或是感到心情舒暢。這些感受無疑是受到神的波動所影響。

參拜神社令人心情舒暢。那麼，只在新年才去參拜就太可惜了。如果能在日常生活中經常去神社，應該就能拉近與神的距離吧？相信神一定很高興看到你以輕鬆愉快的心情來參拜。對於常來參拜的人，神搞不好會說：「給你帶點伴手禮回去吧！」然後賜給你一些好東西，例如好運之類的。

不一定要去特定的神社。你可以隨意挑選住家或公司等生活圈附近的神社，想去的時候就去參拜一下。

當然，放假時可以走遠一點，參拜一些平時不常去的神社也很有趣。只要你能帶著歡喜心前往參拜，任何一間神社都沒關係。

當你享受參拜的過程，神也會想跟你做朋友的，那麼你就會越來越接近神的波動。

毫無疑問，你的運氣會一飛衝天。

不用在意參拜方式

說到神社，很多人會在意一些參拜禮儀，例如「二禮二拍手一禮」※，不能戴帽子、不穿無袖衣服（露出肩膀的衣服）等。

有人問我，是不是不遵守這些禮儀就是對神明不敬，那麼參拜了也沒辦法跟神親近？

從結論來說，神不曾要求一人哥「必須遵守這些規範」。對神明來說，這些細節應該不重要吧。

※「二禮二拍手一禮」指的是先鞠躬兩次，拍手兩次，然後祈禱，最後再鞠躬一次。

因此，與其拘泥於儀式或規範，重點應該放在帶著愉快的心情去參拜吧。

如果你用自己的方式能夠獲得跟神明心靈相通的感覺，那麼用你的方式就好了，重點在於，以愉快的心情，也就是歡喜心來問候神明。

神明最欣喜的，就是看到你充滿了歡喜心。

當然，這只是一人哥的看法。如果有人覺得遵守參拜規範很重要，那麼對他們來說，遵守規範就是正確的做法。

我不是在跟遵守規範的人說：「不要遵守比較好。」我的意思是，如果那些規範讓你感覺拘束，無法開心地參拜，那麼改用更輕鬆的心情來面對就好了。

有些人覺得按照一般的規範來參拜比較舒服，有些人則不然。不管怎麼做，只要你感到愉快，那就是正確的。

說到底，參拜的規範是人制定的。這些規範是為了向神表示尊重，避免失禮，這是人們從自己的角度出發而設想出來的。

對神表示尊敬，這件事本身就很棒了。

但神不會強迫你遵守這些規則。

即使你忘記了規則，或是無法完全按照禮儀行事，神也不會在意。

即便你沒有注意到那些細節，只要你是帶著歡喜心來參拜，神明也會說：「嗯，來了一個好人！」而感到欣喜。

就像父母看著孩子笑呵呵會感到開心一樣，我們帶著歡喜心的樣子，對於像父母般存在的神來說，是他們最開心的事了。

神遠比人類寬宏大量，不會對細節斤斤計較。

因此，對於如何處理抽到的籤文或從神社領受到的護身符，也不必過於拘泥規範。

你可以將它們送回神社，如果不方便，交給其他神社也行。當然，你也可以在家自行處理。

只要你保持歡喜心，神明都會允許的。

神的波動讓感官更敏銳

一人哥認為，只要擁有好的波動，一切都會順利進行，不論是在工作上還是其他方面，都會取得成功。

面對一個心情愉快的人和一個臉色陰沉的人，毫無疑問，大家都會選擇和心情愉快的人合作。即使能力再強，如果總是心情不好，擺一張臭臉，我想沒人受得了吧。

總是面帶微笑才會受人喜愛，讓人想和他一起共事，理所當然也就更容易獲

得機會。

常保歡喜心的人，成功的機率無疑更高。

此外，當波動提升時，還會有「感官變得更加敏銳」的現象，這會幫助你邁向成功。

感官越敏銳，靈感和覺察的機會就越多，成功的機會也會相對增加。

舉個例子，常常有人跟我說：

「一人哥的感覺很敏銳耶！」

「為什麼一人哥總能察覺到一般人察覺不到的事情呢？」

我自己倒是從來不覺得我的感覺特別敏銳，這應該只是別人的看法吧。

後來我思考了一下才明白其中的原因。

如果想讓自己的感官更加敏銳，經常觀察事物當然重要，但更關鍵的是——常保歡喜心。

想提升感官的敏銳度，首先就是自我調整心情。

因為，當你常保歡喜心，就會更接近萬能的神。神可以洞察所有人的思想與情感，換句話說，當你接近神的波動時，你對他人的情感變化也會更加敏感。

你會變得能夠以對方的角度去想像和理解很多事情。

此外，當你接近神的波動時，還能與神的波動共鳴，這樣你就更容易接收來自天上的智慧。

有了這些加持，成功自然是水到渠成的事。

當然，每個人與生俱來的感官敏銳度不同，有些人對某些事物的感知特別敏銳，比如A在某個領域表現得特別優秀，而B對環境氛圍的覺察更出色。

每個人的感知範圍和強度，以及擅長和不擅長的場合各不相同。根據一人哥

的經驗，當你常保歡喜心，接近神的波動時，

「你的長處會變得更加突出。」

「你那些原本較弱的感官，也會被提升到更高的層次。」

你絕對會出現這樣的改變，這點毋庸置疑。

「無往不利」才是最棒的

有人認為「只要順著直覺，波動就會提升」，但事實剛好相反。

直覺是在波動良好的狀況下才能捕捉到（察覺到），換句話說，心情愉快才會產生直覺。

一般來說，心情不好的時候是不可能想到好點子的。就算真的有靈感閃現，在不愉快的狀態下產生的靈感，恐怕不會是什麼好主意吧。

心情不好的人，只會不斷湧現使自己心情不好的想法。

波動好，直覺才會起作用；而要波動變好，就要常保歡喜心。

這才是正確的順序，因此首先要做的，就是自我調整心情。

當你常保歡喜心，波動就會提升，感官也會變得更敏銳。順著直覺去做的事情多了以後，人生就會「無往不利」。

「無往不利」這句成語，正好可以形容一人哥一貫的生活方式，意思是，「不必過度努力，也不必傷透腦筋，只要順著直覺去生活，一切就會順順利利」。

順著直覺選擇那條你覺得「快樂」的道路，然後勇敢前進。無論怎麼走，最終都會獲得幸福。

乍看像是走到哪算到哪，但其實每一個選擇都完全正確，結果就是「無往不利」了。這才是最棒的。

幸福的成功人士都非常重視直覺。

或許有人根本沒察覺到這點，但就算是不自覺，相信成功人士都是十分善用直覺的人。

幸福的成功人士絕對擁有良好的波動。當你達到神的波動境界，來自上天的直覺自然如雪片般紛紛落在你身上。

另一方面，當你心情不佳時，神的波動會遠離你，直覺也難以浮現。

說得更精準一點，其實一直有來自上天的直覺，只是因為你的波動低落而察覺不到罷了。感官遲鈍，自然看不到神的啟示。

那麼，即使你知道「成功人士都很重視直覺」，也難以真正理解直覺是什麼。

不過，只要常保歡喜心，提升波動，這些問題便能迎刃而解。

你會無往不利，人生變得輕鬆如意。

有效接收直覺的祕訣

當我們學會自我調整情緒，擁有明亮的波動，直覺就會如雪片般紛紛落到我們身上。

這時候，有幾個可以更有效接收直覺的祕訣。

首先，應該密切觀察自己，實踐日常生活中閃過的想法。

靈感和智慧不會像「就是這個！」那樣明確地讓你知道。

它們的出現往往如微風般輕柔，稍不留意就很容易錯過。

因此，應仔細觀察自己，以免疏漏掉了。

一旦發現某個靈感，就該試著付諸行動。

當然，只需做自己力所能及的事情就好。不必因為想都想到了，就勉強去做那些自己做不來的事。

靈感的線索有時看起來毫無價值，甚至讓你質疑：「這樣的想法有用嗎？」但付諸行動後，往往你會發現，原來這是個驚人的創意。

因此，任何靈感都不應輕視，應該勇於實踐。

不過，別太過用力以免身心俱疲，保持輕鬆和愉快的心情就好。

這樣一來，一百個點子中，可能會有一兩個成功，有時甚至會出現成功率極高的好點子。

總之，只要發現「這是個好點子」，就是個了不起的成功經驗了，對吧？這些經驗會成為範例，讓你了解到，這就是通向「無往不利」的一種直覺。

隨著範例的累積，你會開始發展出一種獨特的第六感。

當靈感突然浮現時，你會馬上有「這絕對沒錯！」的信心。

這就搞定了！只要掌握這種感覺，你就能輕鬆順著直覺行動。

越是保持歡喜心而接近神的波動，你就越會頻繁地接收到直覺。

而且，這些直覺的準確度和效果都會大幅提升。

美妙的事情也會逐漸增加，像是偶然間遇見想見的人。

於是，你的人生變革將以倍速開展，朝向幸福邁進。

只要活著，就有神聖的價值

一人哥認為，物品也具有意識。

有我這種想法的人，生活會更有趣，也會更珍惜身邊的物品吧？

世上所有事物全都是神創造出來的，無論有生命還是無生命，甚至是現象，沒有任何一樣是沒有用的。

想到這些珍貴的事物出於某種緣分而來到自己身邊，心中便充滿了感恩，想要更加珍惜它們。因為每件事物當中都有「神的靈魂」。

抱著這樣的心態，物品也會很開心吧，甚至連創造這些物品的神，也會因為我們的珍視而欣喜、嘉獎我們。

因此，我不會以價格或稀有性來決定物品的價值。

只要來到一人哥身邊的物品，從那一刻起，它就代表「齋藤一人」品牌。即使是一個從百圓商店買來的小袋子，它也會因為「齋藤一人」品牌而產生極大的價值。

同樣地，每個人都擁有自己獨一無二的美好價值，而自己所使用的每一樣物品都是「自我品牌」的一部分。

我就是抱持這樣的想法。

日本納稅最多的人也好，其他成就也好，這些都跟自我品牌無關。

即便我一無所有，我的「一人哥品牌」也不會因此失色。

因為，我始終相信自己擁有無與倫比的價值。

這與地位、名譽、財富或人脈毫無關係，齋藤一人這個人，只要活著，就具有神聖的價值。

而且這一點，同樣適用於所有人。

每個人都有屬於自己獨一無二的價值。

你就是那個能夠提升你所有財物價值的「超級品牌」。**無論你如何看待自己，你的價值自始至終都是無比卓越的。**

而且，這種價值還有無限提升的空間，你可以憑自己的力量——歡喜心，將自己琢磨得更加璀璨。

透過明亮的波動，你的魅力會如太陽一樣光輝耀眼！

透過能夠化不可能為可能的「神的波動」，你的人生將變成無往不利的無敵天堂！

第 5 章

不斷累積經驗，熟能生巧會帶來成功

反覆出現的訊息有其意義

一人哥跟夥伴在一起時，會玩各種有趣的遊戲，其中一個是向神提出問題，看看答案是「是」或是「否」。

比方說散步或開車時，拿正在關心的問題或正在煩惱的事情來問神：

「如果我的想法沒問題，請在我回到家之前，讓我遇見車牌號碼為1111的車。」

「如果這個願望會實現的話，請讓我看見車牌號碼8888的車。」

你可以開口把問題說出來，也可以在心中默默請教。至於車牌號碼，並沒有特別的要求，挑你喜歡的數字就行了。

有趣的是，這種請求竟然常常實現。無論是立刻得到回應，還是過了一段時間才意識到「事情果然像神回應的那樣」，在一人哥的生活中，這類請求的實現機率相當高。

不過，我們只是把這當成一個有趣的遊戲，結果準不準其實不重要。

主要目的是享受這個過程，玩得開心就夠了，沒想到還常常神準，也許是我們帶著歡喜心，神就願意給我們一點獎勵吧。

還有一件事和這個遊戲頗為相似。

有時候你會看到像7777這樣的車牌號碼，或在時鐘上看到11點11分這類重複的數字。

這種情況通常象徵著：

你的波動在提升，運氣越來越好。

你的直覺變得更加敏銳。

你的人生轉捩點即將來臨。

當你頻繁看到這類重複的數字時，可能預示著好事即將發生，例如你的努力得到肯定而升遷，或是獲得意外之財等。

因此，如果你有想要嘗試的新事物，這時正是大膽行動的好時機。

順帶一提，一人哥和弟子們都很常看到這類重複出現的數字。

每次看到都好開心。而找到許許多多這樣的小開心，正是獲得幸福的祕訣。

另外，短時間內反覆出現的訊息也要多留意。

例如，你早晨在電視上看到某個訊息，然後在通勤電車的廣告上又看到一次，到了公司又聽同事談到同樣的內容。

那麼，這些訊息肯定是你當下需要的，它們才會一再出現。

這也是一種直覺。

那些不會忽略這種來自上天的重要訊息並善加利用的人，絕對進步神速。

沒有興奮感的話，就會變成單純的備忘錄

有一次，有人問我：「將願望寫在筆記本上會更容易實現，這是真的嗎？」看來很多人用這種方式而且奏效了，寫下願望確實很有用。

一人哥自己倒是從來沒這麼做過，但我依然實現了超出願望的成果。

只要常保歡喜心，所有想要的東西都會到手，任何願望都能實現。

當然，如果你覺得用文字寫下「我想成為……」，或是畫出「理想的模樣」才安心，或者你本來就喜歡這樣做，那麼書寫或作畫無疑是最好的方法。沒必要刻意模仿一人哥。

但如果你不喜歡寫，或是提不起勁來寫，那麼光靠波動（想法）來引導人生也是可以的。

畢竟我就是這樣成功的例子。

不過，我要提醒一點，如果你是喜歡寫下來的人，其實光寫下來是不夠的。最重要的是你用什麼心情來寫，如果忽略了這一點，結果可能不會如你所願。

這個世界是由波動所構成，所以你是心情愉快地寫，還是邊擔憂邊寫、邊懷疑邊寫，將會決定你的未來。如果你是在不愉快的狀態下寫下願望，那麼理想中的未來可能不會到來。

一人哥的看法是，寫下願望其實是讓自己進入「歡喜心」狀態的一種方法。比起單純想一想，當你動手寫下願望時，願望會變得更具體，你也會感到更興奮。

因此，寫下來的意義就在於它能讓你感到興奮和快樂。缺少這種愉快的感覺，寫下的東西就只會是單純的備忘錄罷了。

另外，談到這類話題時，很多人會問：「我可以許多大的願望呢？」、「太貪心是不是不好？」

完全不用擔心。

有欲望並非壞事。只要能讓自己和周圍的人都展露笑容，你可以把欲望膨脹到任何程度。

人本來就有七情六欲，有欲望是好事，了無欲望的話，生命也無法繼續。

我們的日常生活充滿了大大小小的選擇，而這些選擇都是基於「我想這樣」、「我想那樣」的欲望。失去欲望會不知如何選擇，甚至迷失生命的意義。

只要還有一口氣在，我們的使命就是充分體驗這個世界、享受這個世界，而支撐我們這樣做的，正是我們的欲望。

欲望帶來了歡喜，也帶來了笑容。

欲望，在某種意義上，正是歡喜心的泉源。我是這麼認為的。

毫不費力，無須煩惱，願望便能實現

越是想討好別人，越容易被人討厭。

這是為什麼呢？可能是因為你的內心深處仍帶著不愉快的情緒吧。即使你沒這個意念，但你的波動還是會傳給周圍的人。

心情不好的人，很遺憾，不可能得到周圍人的歡迎。

即便有人歡迎你，也是一些你不想接近的、你所討厭的人。

相反地，常保歡喜心的人，會受到所有人的喜愛。當然，說「所有人」可能有點誇張，但基本上喜歡你的都是好人。

有些人「無論走到哪裡都受到歡迎」。

如果你身邊有這樣的人，不妨觀察一下他們。

毫無疑問，他們絕大部分的時間都是心情愉快的。

那些受大家歡迎、心情愉快的人，跟上司等長輩相處也很得體。

即使有一些想請上司改進的地方，也能不冒犯地、輕鬆地表達意見。因此，他們不會被討厭。

為什麼能夠做到這一點呢？其實，這是很自然的事。

如果你想找人幫忙，一定會找心情愉快的人吧，而這樣的人通常很接近神的波動，直覺敏銳，所以很可靠。

如果有這樣優秀的下屬，上司當然會尊重他，疼愛他。

當這樣重要的下屬提出「請不要這樣」、「希望你能夠這樣」的請求時，上司也會說「是我不對」，不會發火或反感。

只要直截了當地說出重點，事情自然會順利解決。不用費力，無須煩惱，願望便能輕鬆實現。

之後就是多多累積經驗了。

即使常保歡喜心，受到上司喜愛，但仍覺得難以表達自己的想法時，就在家多多練習。

「請你不要這樣做」、「希望你能這麼做」，練習一千次看看。

剛開始可能會一句話都說不出來，但熟能生巧，只要不斷練習，卡在喉嚨的話就會跑出來，再繼續練習，最後自然能朗朗上口了。

多累積經驗，做不到的事也能順利完成

無法說出「不要」的人，可以練習一下。

剛開始，可以在一個人的時候喃喃自語，試著把想說的話大聲說出來。

每天重複說：「不要、不要、不要……」這樣也是在累積經驗，練著練著就會習慣了。

接著，從日常生活中的小事開始挑戰。

不要急著做大事，而是先從芝麻小事開始，試著拒絕或提出其他建議。

比方說，待在家裡時，老公說：「幫我煮碗麵吧。」

如果你心情好，當然可以幫他煮，但如果你累了，或者有其他事情要忙，那就應該拒絕。

如果你總是忍耐著照做，就會釋放出「言聽計從」的波動，老公就會更加得寸進尺。

這種情況下，你應該直接回說：「我累了（我在忙），你自己煮吧。」

過去你可能一直在忍耐，覺得老公在外工作累了一天，讓他自己煮麵不好意思。這樣的結果就是，這種忍耐成為你的波動，老公只好配合這個波動要求你煮麵了。其實老公根本可以自己煮麵的。如果他不想煮，也可以去附近超商或超市買東西吃。但因為你總是發出「忍耐」的波動，家裡便形成一種「讓老婆去做」的氛圍了。

當然，這其中也有老公的意願問題，但更多的是受到家中氛圍的影響吧，是不是？

要改變這種忍耐的波動，唯一的方法就是常保歡喜心。

停止忍耐，找回神的波動。

一旦你嘗試了，你會發現，世界的改變輕而易舉到超乎想像。

當你開始重視自己，勇敢說出「不要」時，搞不好你老公會很快說：「我本來就想自己煮的！」然後開開心心地自己動手做。

這就是一個成功的經驗。讓人開心，增強自信。

然後，你可以挑戰稍微困難一點的事，逐步提高難度，不斷練習下去。

當「言聽計從」的波動逐漸消退時，無論上班或和朋友見面，都不會再有必須言聽計從的情況了。

即使遇到這種情況，也能夠輕鬆說出「我不要」。不論對方是誰，你都能坦率地表達自己的真實感受，不會被對方看扁。

你會感到神清氣爽，從此自信地活出真實的自己。

此外，那些無法停止束縛家人或伴侶的人，也能透過經驗的累積來改變。

這些人雖然理智上明白愛是自由的，但並未真心領會，在他們的潛意識裡，依然認為愛是束縛。

如果你有這種情況，請每天反覆念誦「愛是自由」，每天一千次，直到束縛對方的想法消失為止。

隨著你一次次的念誦，潛意識會被重寫，便能從束縛的欲望中解脫出來了。

關鍵就是——練到變成口頭禪為止

道理明白，卻不能好好實踐的原因，說穿了，就是因為實踐的次數不夠，也就是練習量太少了。

例如，一人哥建議那些總是擔心未來、容易焦慮的人，把「未來是光明燦爛的！」這句話當成口頭禪，但依然有人只說一兩次就放棄了。

各位，一兩天的練習是沒辦法有顯著改變的。

如果你長期活在不安和恐懼中，這種累積了幾十年的陰暗波動，怎麼可能只用幾天時間就完全轉變為明亮的波動呢？

或許有些人短時間就能感受到效果，但對大多數人來說，變化通常是慢慢顯現出來的。

如果你想一直保持這種良好的波動，就要有不是一兩天，而是直到生命結束那一天都要保持這種口頭禪的長遠打算。

那麼，首先你至少要每天說一千次，持續二十一天（中間可以暫停一下）才能變成習慣。如果只練習幾天就認為「這個口頭禪沒什麼效果啊！」而放棄，那真是太可惜了。

我們之所以沒能改變生活，是因為即使聽到金玉良言，也沒有勤加練習到成為習慣。只要把充滿光明希望的好話變成口頭禪，現實就真的會跟著改變。或許一開始變化很小，但一定會朝好的方向發展。

隨著你的堅持不懈，你會在工作上取得成果，贏得別人的信任，獲得意外之財，得知想要的資訊等。

無論多麼神奇的劍，想要運用自如，就必須練到「熟能生巧」，練到危機一來便能迅速出劍為止。

同樣地，把充滿光明希望的話語持續說到變成口頭禪，你才能夠熟練地掌握這股力量。偶爾隨口說說，是無法真正運用言靈這把強大利劍的。

就像一把日本刀，沒有任何經驗的新手只揮一兩下，怎麼可能瞬間成為劍術大師？

必須經過一千次、一萬次的揮劍練習才有可能逐漸精通，一朝一夕根本練不了功夫。

要讓光明希望的話語變成口頭禪，就要下意識地習慣去說它，直到它根植在你的潛意識中。

由於是在你身上植入一些你原本沒有的東西，因此需要一說再說，說上無數次，說到煩了仍要繼續說下去。這是關鍵。

有人會說自己沒時間練到那個程度，但其實只要善加利用零碎的空檔，例如早上走路去車站時，回到家洗澡時，用化整為零的方式一天說上一千次並不困難。如果沒辦無法開口說出來，在心裡默念也是可以的。

只要願意，時間擠一擠就有，以「沒時間」作藉口，或許是你的潛意識中有個東西在阻止你，要你「維持現狀，繼續擁抱焦慮和不安」。

果真如此，你就得下定決心，將那個東西徹底趕出潛意識，並用「未來是光明燦爛的！」這句話來取而代之。請你要有這種覺悟。

說是覺悟，其實就是把話說出口而已。既不費力，還不用花一分錢，為什麼不去做呢？

自我提升，就是常保歡喜心

通常說到「自我提升」，大家會想到學習、修飾外表，或是開始做一些新的事情。

確實，這些都是很棒的自我提升方式。

但對於一人哥來說，最重要的自我提升是「常保歡喜心」。

能夠多維持一秒鐘的好心情，就是最棒的自我提升。如果你能做到這一點，其他方面就算稍有不足也無傷大雅。

如果你真的想提升自己，首先要學會自我調整情緒，這是最關鍵的。

不管你再怎麼聰明、知識再豐富，或外表再出色，如果總是擺一張臭臉，別人就感受不到你的魅力。沒有人會覺得老掛著苦瓜臉的人是「閃閃發光的」。

一人哥最喜歡女人了，但唯獨那些總是心情不爽、說話帶刺的女人，我怎麼都沒辦法喜歡。

話說回來，因為我本身就散發著最明亮的波動，所以那些帶著壞波動的女人根本不會靠近我啦。

好的波動會吸引帶著好波動的人過來，於是好事接踵而來。

壞的波動只會吸引壞人靠過來，當然就只會壞事連連。

這就是世界的運作法則。

所以，只要持續散發好的波動，人生自然一路順風。

帶著明亮波動的人，無論如何都會光芒四射，不斷自我提升。

有些人認為自我提升就是追求「真正的自我」。

但從結果來說，關鍵還是常保歡喜心。如果你不開心，又怎麼能夠看見「真正的自我」呢？

一邊痛苦一邊思考「到底怎麼樣才是真正的自我？」是不對的。即使你想到一個「這就是真正的自我吧？」的答案，但你在不快樂的狀態下找到的，往往也是錯的。憂鬱而模糊的雙眼，不可能找到真正的快樂的自我。

如果是錯誤的自我，你再怎麼挖掘下去，出現的依然只會是不愉快的現實。幸福的未來永遠不會到來。

幸福的未來，源自於常保歡喜心的自己。

不會再去在意別人的目光了

一人哥從來不在意別人的眼光。當然，這不代表我無視別人。

無論是自己的感受，還是別人的感受，我都希望我能隨時照顧好，而我不喜歡的事情，我也不會對別人做。

在任何情況下，我都不會忘記以對方的立場來思考。我最優先考慮的是讓自己和對方都能感到舒服。

我想說的是，在這個基礎上，不必因為在意別人的眼光而束縛自己。

最重要的是，自己和對方都能夠保持愉快的心情。

如果某一方無法愉快相處，那就表示雙方不合拍，勉強待在一起是沒意義的。強忍下來的話，原本只是合不來，最終可能演變成憎恨。

憎恨是足以摧毀人生的強大負能量。

殺人事件或傷害事件，之所以很多都發生在家人之間，原因就是「因為是家人」而一忍再忍，最後終於受不了才爆發的結果。如果在爆發之前就離開，原本可以開玩笑說「我們合不來嘛～」就沒事了，結果卻因為忍耐而誤入歧途。

俗話說：「不打不相識。」意思是經過摩擦或爭吵後，關係會變得更加親密。但有些人誤解了這句話的意思，於是，即便討厭對方，他們也會告訴自己：「既然不打不相識，表示我們會越來越親近。」因而勉強配合對方。

我說啊，合不來的人，無論怎樣都合不來啦。

都是一忍再忍，最後才發現「果然和這個人合不來！」但這個時候，合不來的感覺已經變成憎恨了。

一人哥只會跟自己喜歡的人深交，因為我很清楚，忍耐是絕對不行的。

如果你自己保持心情愉快，接近你的人也都會是心情愉快的人。

如果周圍都是心情愉快的人，就用不著去擔心：「那個人會怎麼看我呢？」也不用為了討好別人而累死自己。

當你帶著歡喜心的時候，自然不會去在意別人的眼光了。

很多人會去思考：「人為什麼總是在意旁人及社會的眼光呢？」但對一人哥而言，在意別人眼光這件事本身就奇怪到不行了。

在這個世界上，並非所有人都在意別人的眼光。

那些因為在意別人眼光而感到極度厭倦的人，此刻想必手上正拿著一人哥的這本書吧。

如果是這樣，那麼自己的心情自己救！你只有懷著歡喜心過生活，別無他法囉！

「獨立」真正的意義？

有一次有人問我，該如何教導將要長大成人的孩子「獨立」。

許多人認為，獨立就是指能夠自己賺錢、離開父母獨自生活，或者結婚等，這些的確是獨立的一部分。

然而，在一人哥看來，有一件事情更為重要。

那就是「心靈的獨立」。

即使你很會賺錢，但如果心靈無法獨立，仍會感到痛苦、不滿足。

許多人以為富足和幸福是一樣的。

當然，有時擁有足夠的錢，的確能讓你過上更滿足的生活，因為你能將錢花在興趣或你愛的人身上。

但僅僅擁有金錢，並不會讓人幸福。

如果一個人無法愛自己，或者無法得到他人的愛，那麼無論他再多麼有錢，都無法獲得真正的幸福感。

人是無法孤獨生存的，幸福的生活需要愛。

獨立，真正的意義是成為能夠幸福生活的成人。而這件事的關鍵，就是能夠自我調整情緒。

有人會問：那是不是代表我依賴他人就不算獨立了？

我不知道該怎麼調整好自己的情緒，那我就還沒長大、還是個孩子嗎？

對這樣的人，我想說，其實世上沒有任何人能夠做到完全獨立，當然，包括一人哥也是其中之一。

就像我經常說的，只有神是完美的，人類沒有誰是完美的。

每個人都在朝著真正獨立的方向努力修行。而磨練自己的靈魂，追求神的波動，就是一種獨立的修行。

關於如何自我調整情緒，是個無比深奧的課題，千言萬語難以道盡。

但是，這種修行太有趣了。

善待自己、寵愛自己，就是讓靈魂成長並邁向獨立的一種修行。

神對我們的期望很簡單，但這些簡單的事情卻足以徹底改變我們的人生。

神真的是充滿了愛與慈悲，這也是為什麼一人哥如此敬愛神的原因。

第 6 章

世界正在一天天變好

金錢是「讓人幸福的分數」

有些人擔心，擁有越多的錢會變得越貪婪，害怕自己淪為守財奴。有些人即使表面上不這麼認為，內心深處卻有這樣的感覺。

這種想法讓人即便腦袋裡渴望富足，內心卻在扯後腿，害怕擁有金錢，暗自希望錢錢不要來。

於是，這樣的人自始至終都散發出貧窮波動，自然與金錢無緣。

此外，那些想要擺脫這種金錢障礙的人，常常把事情弄得很複雜。他們會左思右想：「金錢不是目的，而是手段……」

要我說啊，金錢的流動規律非常簡單，搞不好比你想像的還要簡單多了喔。

只是，很多人卻像金錢研究者一樣，絞盡腦汁。

如果說你的思考方式有問題，那個問題就出在這裡。

你不需要去思考金錢的障礙，或是如何擺脫這些障礙。這種複雜的思考是多餘的。

你缺少的是「明亮」和「輕鬆」。金錢是很方便的東西，而且是神的愛。

凡事只要想太多就會倍感壓力，這種思考方式會讓你的波動下降，財運自然變差。

當然，金錢很重要，但不需要給它加上過多的意義或壓力。

只要輕鬆地看待它，波動就會提升，就容易與錢締造良緣。

對一人哥來說，金錢就是「生活必需品」和「令人感恩的恩賜」。

沒錢的話，會出現不得不忍耐的情況。
因此，有錢總比沒錢好，但也僅此於此。
所以，儘管我富有到成為日本納稅第一，但老實說，我對金錢沒什麼執著。只要自己和身邊重要的人能夠開心地過生活，這樣的金錢就夠用了。
不過，即便如此，我依然被賦予了遠超出我所需要的富足，這大概是因為我認為金錢是：「讓人幸福的分數。」
能獲得這麼多的分數（金錢），證明我的產品受到很多人的喜愛和歡迎。這也表示我幫助很多人獲得幸福，真是再開心不過了。
因此，我希望讓更多人獲得幸福，希望繼續追求更高的分數。而這種幸福的願望，就以金錢的形式展現出來了。

於是，我得到了豐厚的財富。

那些為錢苦惱的人、渴望有錢的人，應該更輕鬆地看待錢，提升自己的波動。這是一人哥的想法。

當你學會疼愛自己，用歡喜心過生活，金錢自然會開開心心地送上門。

常保歡喜心，不成功才怪

那些過著理想生活的人，通常不會想太多，時時保持歡喜心。

相反地，生活不如意的人，往往會糾結在無法改變的事情上，讓自己陷入沉重而不愉快的低谷。

所有的現實，都是由自己的波動決定的。

在這個地球上，只有享受生活的人才能獲得幸福、成功與富足。

這是天經地義的宇宙真理。

稍微動動腦筋，就能明白這個道理了。

心情愉快的人，首先會受到周圍人的喜愛。當你受人喜愛，自然會獲得特別的訊息或機會，這是理所當然的吧？

畢竟，當你心情愉快時，行動也會變得更加輕鬆靈活。

那些一直覺得「工作很煩」、「懶得動」的人，就會變得不再討厭上班，感到工作變簡單了，工作表現也會大不同。

效率會提高，自然更容易做出成果。

而且，當你充滿歡喜心而波動上升時，直覺也會變敏銳，智慧便會源源不絕地湧現。

在這種情況下，不成功反而奇怪吧。

只要能夠自我調整情緒，那麼成功幾乎已是板上釘釘的事了。所謂「一人哥流」的增加財富方法，就是盡量以歡喜心過生活。

開開心心地、面帶笑容地工作。

心甘情願地把錢用在自己喜歡的事情上、讓自己開心的事情上。

如果你能做到這些，收入一定增加，不會再為金錢苦惱。

當然，世上也有一些人總是板著臭臉卻賺很多錢。但這樣的大富豪會人見人愛嗎？值得懷疑。

他們很有錢，但可能沒有朋友，或是家庭不和。總之，讓人聯想到一種「窮得只剩下錢」的景況。

擁有金山銀山，如果不能自信地說出：「我非常幸福！」那就算不上是圓滿的人生。

如果你嚮往這樣的人生，不妨參考那些老是擺臭臉的富豪，但我想這樣的人少之又少吧。

既然要學，不如學那些受人喜愛又幸福洋溢的富人來得好。

懂不懂得享受，結果大不同

一人哥常說：「痛恨貧窮的心情，就是富裕的開始。」

說完後，就會有人問我這樣的問題：

「我不想過貧窮的生活，但我有時會發現自己在想：『我一定要買更省的東西，哪怕只省一塊錢也好！』這樣是不是代表我的內心其實是貧窮的？而這樣的我是不是正處於貧窮的波動中呢？」

關於這點啊，如果你抱著「窮鬼才節約」的想法，波動也會隨之下降。如果節約讓你痛苦、讓你不得不忍耐，就有可能導致你的波動降低。

但是，**如果你認為「節約是賺到又好玩的事」，那麼節約不會產生貧窮的波動，反而能讓波動上升。**

假設你買了一件比平時便宜一塊錢的東西。

如果你因此感到「斤斤計較這一塊錢，也太窮酸了」的負面情緒，這個情緒就會轉變為貧窮的波動。節約到痛苦，只會吸引更多的貧窮。

相對地，哪怕只是省下一塊錢，如果你是抱著「賺到囉！」的喜悅，那麼這一塊錢的價值將放大到數千元、數萬元，甚至更多。

僅僅這樣的一點小差異，卻因為心態的不同而產生天差地別的結果。

同樣都是節約，開心地節約或痛苦地節約，將會造就不同的未來。

只要記住這個世界準則，聰明地節約就好。

不是越便宜越好，應該是避免不必要的消費，在能讓自己感到幸福的事情上不吝嗇。重點在於有所取捨，找到適合自己的收支平衡和心情平衡。

只不過，如果你的情況不容許你這麼做，就該更努力工作，或者想辦法從節約中找出樂趣來。試著發揮神賜的智慧，想想如何讓節約變得更有趣吧。

別忘了「未來是光明燦爛的！」好好享受每一次節約帶來的滿足感。

如果你能因此常保歡喜心，便是大大大成功了。未來只會充滿光明希望！

一切考驗，最終都會指向同一目標

在第三章中，我提到每個人都有與生俱來的「今生的考驗」。

在來到這個世界前，我們自己就決定好今生要學習的內容了。

如果覺得「考驗」這個名詞太沉重，可以把它看作是學校的功課，用這種輕鬆的態度來面對也完全沒問題。

想要透過親子關係學習的人，會在親子之間的糾葛中煩惱，直到他們學會為止；想要透過金錢困境得到領悟的人，可能會因為債務等問題而經歷一番磨難。

但是，只要認知到這些都是今生的考驗和功課，並且學習完成，那麼任何問題都會輕鬆消失。之後，你再也不會為同樣的問題苦惱了。

那麼，如果今生無法完成這些學習，會怎麼樣呢？

這個問題很簡單，下輩子再挑戰同樣的考驗和功課就好了。如果下輩子仍然學不會，那就下下輩子再繼續挑戰。

學習沒有「必須在某個時限內完成」的壓力，神也不會催促你。你可以按照自己的節奏慢慢學習。

換句話說，現在你所面對的問題，可能就是前世還沒學完的考驗或功課。越是高難度的障礙，越是不容易跨越，因此在一世的生命中無法解決，完全是合情合理的。

你會挑戰這些對你而言有難度的問題，表示你的靈魂等級已經相當高了，再說，這些考驗是你自己選的，你不會選一個你根本無法克服的難題才對。

你有能力克服這些難題！

順便提一下，一人哥認為我個人最大的功課是「引領他人走向幸福大道」。之所以這麼說，是因為儘管我是納稅額日本第一的企業家，還是經常有人向我諮詢「我性格內向，常被前輩欺負」、「我不想去公司上班」這類問題。

照理說，身為企業家，我接到的應該是與商業有關的諮詢才對，但其實我更常接到關於內心困擾、生活不安的問題，而且次數多得驚人。

起初我也覺得很奇怪，甚至想過：「這些問題問我有用嗎？」但有一天我突然明白了。

原來如此，這就是我今生的功課。

我的使命是解決人們根源性的問題，幫助人們獲得幸福。

或許，神賜予我作為企業家成功的榮耀，正是為了實現這個使命。

成為納稅額日本第一，能讓更多人注意到我，證明「這樣子過生活，可以同時獲得物質與精神上的富足」。

我開始明白，**以歡喜心過生活，是神如此極力想傳達給大家的重要訊息啊。**

保持心情愉快，是全人類共同的主題。

我認為，這正是通向人類真正幸福的鑰匙。否則，不可能只是保持好心情就能獲得幸福的。

光是帶著笑容過生活就能一帆風順，毫無疑問，肯定因為這是神的願望才有這樣的力量。

即便是與生俱來的功課，表面上看似各有不同，最終，它們的目標都一樣，就是——常保歡喜心。

透過「寵愛自己」喚起心中的悸動

到這裡，我已經傳達了許多的教導給大家。

乍看之下，每個教導像是不同的主題，但其實全都是為了讓各位達到歡喜心的狀態。

當你常保歡喜心而接近神的波動時，就不會有解決不了的問題了。

只要自我調整情緒，隨時保持歡喜心，波動自然會提升。心靈的問題、人際關係的糾葛、工作上的煩惱、金錢的困境……這些都會隨著波動上升而輕易解決。

保持良好的波動，就能享受最棒的人生。

為此，我們必須竭盡所能避免讓自己心情變差。一人哥就是時時刻刻這樣提醒自己的。

在任何情況下，都是以自己的「喜好」為優先，讓自己沉浸在喜愛的事物中，與喜歡的人共享喜歡的食物，待在喜歡的地方。

正因為如此，我的波動始終處於最佳狀態，並且不斷更新提升。

在日本，把自己放在首位往往不被視為美德，這種行為常被拿來與自私或利己主義等混為一談。

就一人哥的看法，正是因為這樣，人們才無法獲得幸福。

犧牲自己去體貼別人，反而會讓別人覺得承受不起，甚至覺得是被強迫接受的，這樣的體貼無法成為真正的善意。

最終，這些善意會適得其反，或者即便努力了也效果不彰，讓你一再為這類挫折而苦惱。

既然如此，倒不如不在乎別人的眼光，專注於讓自己獲得幸福。

當你這樣做了以後就會明白，讓自己幸福的過程會帶動周圍的人，最終大家都能一起迎接光明的未來。

寵愛自己，才是真正善待自己和別人的最佳生活方式。

世上還有許多人連自己的喜好都搞不清楚。

有人甚至會問：「我到底是喜歡哪一種女人（男人）啊？」

如果你很清楚自己喜歡哪一種人，你會覺得這個問題莫名其妙，但的確就是有這樣的人。

他們一直以來都在壓抑自己，以致情感麻木了。

即便遇到喜歡的東西，內心總會冒出「不行！不行！」不允許自己擁有，因此心靈被「不行」的硬殼包住，失去了悸動的感覺。

要打破這層硬殼，唯一的方法就是徹底寵愛自己。

總之，從做得到的事情開始，停止壓抑自己，真心寵愛自己，允許自己自由地過生活。

這樣一來，你會逐漸發現一些小小的喜好，例如喜歡的口味、顏色、衣服等，這些喜好一一浮現後，就盡情地享受吧。

你的心會變得輕鬆、明亮。心情變好後，就能逐漸找回更大的悸動了。

一人哥為什麼這麼受歡迎？

讓我老王賣瓜一下好嗎？

一人哥從很久以前就相當受歡迎，簡直是萬人迷，說句老實的，我不曾因為交不到女朋友而煩惱過。

因此，時常有人來問我提升戀愛運的方法。

關於這個嘛，答案只有一個。

就是常保歡喜心。只要提醒自己保持好心情，絕對受歡迎。

長相、學識、運動能力、財富啦，這些根本沒那麼重要。

當然，這些因素也是吸引人的加分項目，但不是關鍵。

真正決定受不受歡迎的關鍵在於那個人的心情狀態，這點毋庸置疑。

或許有人會想，「我已經保持著好心情了，為什麼還是沒人喜歡我呢？」但要是真的保持好心情，絕對會有人被你吸引的。

如果還是沒有人喜歡你，可能是**自己以為自己心情很好，但在別人看來卻是心情不好。**

也就是說，那並非真正的歡喜心狀態。

再怎麼英俊瀟灑的人，如果不愛笑，是不會被人喜歡的。

外貌出眾，卻總是面無表情，反而給人一種高冷的印象，甚至令人害怕。這時，出眾的外貌反倒變成扣分項目。

要用陰沉、黑暗的波動來受人歡迎，根本不可能。

相反地，即使長相稍微欠佳，卻能面帶微笑、保持心情愉快的人，就能贏得好印象，讓人覺得那樣的臉：「笑起來真可愛！」、「酷酷的很有味道！」這樣的人當然討人喜歡。

如果你確實保持心情愉快，卻還是沒人喜歡你，那麼可以當成問題是出在對方身上。

不過，如果你身邊盡是這種奇奇怪怪的人，那也沒道理。因為只要保持好波動，奇怪的人就不可能靠近你才對。

這麼一想，不受歡迎的原因，應該還是自己沒有保持真正的歡喜心。

根據波動的法則，心情愉快的人不可能不受歡迎。好心情是最強的吸引力，不管怎麼樣都會吸引別人靠近。

因此，想要受歡迎，就要學會自我調整情緒。

只要常保歡喜心，你就會迎來人生中最高人氣的時期。

讓人感動的聲音都有一個共通點

「波動」實在太有意思了，而且連每個人的聲音都有特別的波動。

一人哥的弟子中，例如舛岡花惠的聲音，讓人感受到一種通透的神的波動，柴村惠美子則帶有明亮且充滿力量的波動，光子的聲音讓人感受到溫暖且深層的溫柔，宮本真由美的聲音則是充滿了歡樂，能夠提振精神。

每一位弟子的氣質都很棒，聲音更是完美，帶有療癒人心的力量。

不只是我的弟子，擁有這種好聲音的人都有一個共通點：心情愉悅。這些人總能自我調整情緒，常保歡喜心。他們每個人都充滿了愛。

人的聲音有高有低，有人清揚充滿張力，有人低沉帶著磁性，各具特色。但無論聲音的特色為何，擁有良好波動的人的聲音都蘊含著愛的波動。

僅僅一聲「沒事的」，對於正在煩惱的人來說，就具有拯救般的力量。那些原本對任何事物都感到不安的人，聽到這樣的聲音後會感到安心而放鬆。

擁有神的波動的人，只要做一些小小的動作就能帶給別人幸福。只需要一句話，就能宛如揮動魔法杖般，提升對方的波動。

這樣的人自然受到歡迎，左右逢源，遇到困難都能迎刃而解。

人生充滿了幸運和奇蹟。

這些都不是靠努力練習發聲就能達成的。真正能讓人感動的，是源自內心深處的愛。

擁有好聲音的人還有另一個共通點。

即便是隨意交談，也不會傷害對方，不會出現失言。這種能力非常珍貴。

帶有毒性或尖刺的話語，一聽就知道了，例如「笨蛋」、「下流」、「醜八怪」

等，大家都會提醒自己不能說出口吧。

比較有問題的不是這些，而是那些「乍聽之下無害的話」。要舉出具體的例子很難，但像「真好啊！」這樣原本應該是帶有良好波動的話語，有時候換了不同的情境，就會變得諷刺意味十足。

那麼，什麼時候聽到這句話會覺得刺耳呢？從心情不爽的人嘴巴講出來時。心情不爽，換句話說，內心有毒的人講話時，即便好話都會帶著惡意，壞話就會帶著劇毒了。

每一句話、每一個字，都會造成波動下降。

因此，一人哥總是說：「心情差時不要說話！」心情不爽時，說出口的話會顯得虛偽，甚至被解讀為語帶諷刺。

相反地，常保歡喜心的人完全沒有這個問題。

心中充滿愛的人，即便偶爾說些刻薄的話，聽的人也會當成是開玩笑，完全感受不到毒性。

這種人說出口的好話會更加深入人心。即使說的是壞話，也不會讓人感受到惡意。

心情愉快地過生活，真的是好處多多啊！

大事化中，中事化小，小事化無

最近，有人觀察地球，看到異常氣候頻繁，自然災害增加，人們的緊張和不滿情緒高漲，於是認為地球整體的波動似乎在下降。

然而，一人哥相信，與過去相比，現在的波動好太多了，而且未來會更好。

每個人有每個人的看法，但我自己是這樣相信的。

確實，要找問題的話可以列出非常多，但光這樣就說：「看吧，波動下降了！」這樣的視野未免過於狹隘。

地球真正的波動，必須從更宏觀的角度來看。

即使地球的波動現在似乎有點下降，但整體上仍是逐漸向上的。這點仔細調查一下就知道了。

相較於過去，地球已經大幅進步。

正穩健地朝和平之路邁進。

雖然我們仍在前進的途中，但世界會持續生成發展。即使偶有曲折，未來也會逐漸變得更好。

未來是光明燦爛的！

只要越來越多人常保歡喜心，明亮的波動逐漸擴大，人類的生成發展就會更加快速。

於是，大事化中，中事化小，然後小事化為無影無蹤。

無論是地震、洪水等自然災害，還是戰爭這類人為災禍，只要地球上心情愉快的人增加了，他們的波動便能減少災害。

特別是戰爭，這應該是最顯著的例子了，因為戰爭就是由那些心情不爽的人引起的。

心情愉快的人根本不會引起爭端，不會製造衝突。

只要大家心情愉快，毋庸置疑，世界上的紛爭就會減少。

這個世界將會成為天堂。

歡喜心能夠拯救地球，照亮這個世界。

我的使命

此刻，世界正朝著美好的方向前進。
無論看起來多麼困難，世界確實比過去更加進步了。

相信這件事，
並將這份信念傳達給大家。

我認為，這就是我和一人哥夥伴們的使命。
當然，你也是其中的一份子。

讓我們愉快地把這份使命傳遞下去吧。

結語

為了每天都能保持歡喜心而提升波動，
首先要相信未來會充滿光明和希望。

因此，
我們要培養一個口頭禪：
「未來是光明燦爛的！」

請每天愉快地說這句口頭禪。
一天說上一千遍，
連續說上二十一天。

你的人生會因此改變。

齋藤一人

【作者簡介】

齋藤一人

實業家，「銀座丸漢」（日本漢方研究所）創辦人。自1993年起，連續12年進入日本納稅額排行榜前十名，創下全新的紀錄，並在2006年公告廢止前，累計納稅總額達到前所未有的173億日圓。此外，齋藤一人也以作家身分出版多本書籍，致力於探討「兼顧心靈愉悅與經濟富裕」的主題。

主要著作包括《斎藤一人 成功したのは、みんな龍のおかげです》、《斎藤一人 今はひとりでも 絶対だいじょうぶ》、《斎藤一人 人は考え方が9割!》、《斎藤一人 楽しんだ人だけが成功する》、《強運》、《絶対、よくなる!》、《「気前よく」の奇跡》（以上由PHP研究所出版）。

波動的力量

掌握幸福與成功的祕訣

出　　版／楓樹林出版事業有限公司
地　　址／新北市板橋區信義路163巷3號10樓
郵政劃撥／19907596 楓書坊文化出版社
網　　址／www.maplebook.com.tw
電　　話／02-2957-6096
傳　　真／02-2957-6435
作　　者／齋藤一人
翻　　譯／林美琪
責任編輯／陳亭安
內文排版／楊亞容
港澳經銷／泛華發行代理有限公司
定　　價／360元
初版日期／2025年４月

國家圖書館出版品預行編目資料

波動的力量：掌握幸福與成功的祕訣／齋藤一人作；林美琪譯. -- 初版. -- 新北市：楓樹林出版事業有限公司, 2025.04
面；　公分
ISBN 978-626-7499-81-8（平裝）
1. 心靈學 2. 能量 3. 成功法
175.9　　114002158